WHAT'S NEXT?
Even Scientists Can't
Predict the Future,
or Can They?

人類大未來

下一個五十年，科技如何讓人類更幸福？

Jim Al-Khalili **吉姆・艾爾卡利里** 編選

謝孟宗、林瑞堂 翻譯

目錄
CONTENTS

序論

吉姆・艾爾卡利里（Jim Al-Khalili）

　　按愛因斯坦的相對論，未來正於前方相候，今昔將來一切時光恆常不變，預先存於靜態四維時空之中。然而人的知覺困在不斷變動的當下，沿時間軸緩緩前進，迎向眾人汲汲擢取的將來，遺下由將來轉化而成的過去。人一向無法看清未來局面。不論靈媒與占卜怎麼說，未來料所難料，是無可置疑的實情。

　　從形上學層面來看，人的未來到底是命已註定還是並無定局，人的命運到底是宿命難改，抑或任人隨意形塑，仍舊讓科學家與哲學家爭議不休。有時候我們有理由確信未來將會如何發展，畢竟好些尚待發生的事件乃理所必然。比如太陽會繼續閃耀（至少再閃耀個幾十億年），地球會繼續繞著太陽旋轉，所有人都會變老，而我支持的里茲聯足球隊每

次踢到球季尾聲總會教人失望。

　　然而其他時候，未來的演變十足出人意表。人類文明極其豐富多樣，局勢常常誰都料想不到。儘管必然有少數人預見唐納・川普（Donald Trump）贏得二〇一六年美國總統選戰，但是到目前為止還沒有人能預測地震、洪水這類重大天災下一回將於何時侵襲何地。

　　至於預測科技進步將如何改變人類生活，則介於理所必然與全然不可測之間的廣闊地帶。說到預設未來樣貌，當屬科幻小說家最可靠也最富想像力。但在一九九〇年之前，他們有多少人描寫過網路如今日這般將人們的生活緊密聯繫？要是我們停下來想想，就會發現「全球資訊網」（World Wide Web）云云聽起來還是挺魔幻的。

　　那麼，身處二十一世紀的第二個十年，該怎麼編一本書，來討論未來五到十年內即將發生，或遠遠超越我們這輩子所能預見的科技演進？

　　本書中有幾篇文章以較為嚴峻的措辭警告我們，若坐視現狀，那麼不論是人類的發展或是大自然的反撲，都有可能讓地球落入無法挽回的狀態。想解決全球面臨的難題，除了有賴科學和工程，還需金融、地緣政治及文化方面的配合。在未來數十年間，如何善用人們對大自然的所學所知，

以及探索科學的創造力與新發明，顯然空前重要。於是乎這些文章也算是指引希望的明燈，向人們指出科學在氣候變遷、人口過剩或抗藥病菌疫情猖獗等惡劣至極的情況下，如何有效降低災害。

不可否認，要推行新技術，必定得經過審慎思量及討論。比如人工智慧、機器人、基因研究、地球工程、奈米科技，是目前幾個進展迅速、令人振奮的研究領域。然而從務實面與道德面來看，科學的發現與應用代表了什麼意義？在尚未細究這個問題的情況下，人類可經不起就這樣被推向一無所知的未來。我能想到的例子很多，像是機器人如何在職場上漸次接手一般人的工作；我們該如何防範來自網路的恐怖攻擊；全球人口增加，人類的貪欲如何耗盡自然資源，摧毀動物棲息地，危及生態體系。我描繪的景象似乎太黯淡了，人類的未來大可不必然如此。

我們必須明白一個重點：科學知識本身無涉善惡，全看人類如何運用。在十到二十年內，肯定會出現（由人工智慧掌控的）智慧城市、無人汽車、擴增實境、基因改造食品、更有效率的新型能源、智能材料，以及可以互連互通的無數裝置。未來有可能變成一個與今日截然不同的世界，就如同七、八〇年代的人們無法想像我們現在的生活一樣。有件事

倒可以說得準：隨著人類越來越了解世界的運作方式以及該如何駕馭，我們的生活也會改變得越來越徹底。

書中選文所描寫的未來，有些看起來頗為篤定。這是因為文內述及的科學技術已經具備雛型，我們能清楚看出它將如何發展成熟。有些文章則設想出多種未來情境，原因並不是我們不了解該文所述的科學發現，也不是它的應用會帶來出人意料的結果，而是因為我們選擇的道路取決於科技的使用方式。至於從哪條道路走向哪種未來，應該由社會共同決定。在這樣的前提下，則有賴具備科學素養的大眾和負責任的政治人物。

某些特定主題，如無人汽車、基因工程和所謂的「物聯網」（Internet of Things），不只見於書中單一篇文章。我刻意這麼做，一來是為了讓讀者從不同角度窺見我們的生活在未來幾十年內會如何變遷，二來強調這些新技術互有聯繫、彼此拉抬。

有些文章，尤其接近本書尾聲的段落，著眼於更遠的未來，對未來也更多出幾分猜想。以我的那篇文章為例，我想探究的是我這輩子無法觸及的遙遠未來。話說回來，若一本談科學未來的書完全不提及瞬間傳送與時間旅行的相關話題，哪裡還稱得上有骨氣？

　平心而論，開卷各章述說起未來情景，有的語氣頗為凝重，特別是學者諄諄勸諫卻聽者藐藐的好些議題。別的章節則歡聲迎接即將豐富人類生活的美妙科技進展。不過我希望讀者能了解，收錄這一篇篇文章的用意不在歌功頌德或危言聳聽，而是為了盡量誠懇客觀地呈現各領域專家眼中的未來。所有文章皆本於人類當前對自然法則的認知，亦即本於科學實情，而非科幻。各篇預想的未來既不天馬行空，也不離譜牽強，更不訴諸魔法奇想。書中每位作者理性、審慎推斷的未來，不僅看來真誠，讀來更令人興趣盎然。

地球的未來

人口統計，資源保護，氣候變遷

第一章

人口學

菲利浦・波爾（Philip Ball）

　　世界在變，因為世人在變。和世上多數經常被忽略的真相一樣，這話一說出口，就顯得理所當然。未來之所以有別於今日，並非單純因為人類發明新技術，而是在於人類選擇要發明哪些技術，實際運用的又是哪些，從而允許那些技術改變人類的未來。有些技術肯定會在解決若干長年疑難的同時製造新問題，有些則根本無從觸及未來可能產生的巨大挑戰。無論如何，光是把當下的我們置入一個推估出來的自然與人造環境，是無法預測未來的。那麼，人類未來會過著怎樣不同的生活？未來生活又將是何等不同？

滿足基本需求

　　人口成長是促成改變的一大動力，但少了科技發展，人口成長就成了空話。若非十九世紀以來的農業與糧食生產技術變革，我們根本養不起地球上七十五億張嘴。二十世紀中期所謂的「綠色革命」（Green Revolution）尤為重要，科學家透過基因工程發展出高產量作物品種，餵飽了幾十億人的肚子。

　　到了二〇五〇年，全球人口估計將超過九十億。這些新增的人口泰半位於亞非國家，然而這些國家的經濟資源與基礎建設不足，難以應付人口快速增長。若非科技持續革新（特別是在糧食生產和水資源等方面），這個星球能否負荷這麼多人口，答案可想而知。

　　事實上，誰也不能保證農業生產力會和人口齊頭並進。氣候變遷加劇土壤侵蝕與沙漠化，破壞了生物多樣性，必定會降低全世界多處土地的生產力，包括那些人口增加迅速、糧食需求攀升的地區。如今市場起伏受全球化影響，當某地的優先需求改變了（例如種植生質燃料作物），他處的糧食生產與供給也會連帶產生波動。這意謂糧食安全 ① 將會是維持地球永續的重要議題。例如二〇〇八年海地糧食價

格飆漲所引發的暴動，導致海地政府倒台；二〇一一年則是因為國際糧食價格上揚，影響到北非「阿拉伯之春」（Arab Spring）及後續一連串政治動盪。

水資源的供需問題同樣前景黯淡。目前全球有一成人口長期處於缺水的情況，到了二〇二五年，缺水人數將上看三十億。在美國中西部和華北平原等乾燥地帶，淡水儲備量早已供不應求。

以上所述，既可看作是一曲哀歌，預告大難將至、文明崩解在即、世界末日來臨，也可視為有待解決的政治與科技難關。而這一連串的待解難題會提醒我們，在未來，什麼才是重要的。個人化醫療、智慧機器人、開採小行星、器官再生，這些聽起來都十分教人興奮，但「該如何填飽肚子」、「該拿什麼解渴」等幾百年來關於生存的老問題，今後也會持續存在。明確地說，將來決定個人與國際互動模式的關鍵，也許是糧食及飲水，而非資訊、交通、醫療等領域的技術革新。

---

① 編按：一九九六年舉行的世界糧食高峰會（World Food Summit）將糧食安全（food security）定義為：「任何人在任何時候均能實質且有效的獲得充分、安全且營養之糧食，以迎合其飲食及糧食偏好的活力健康生活。」

　　既然如此，我們需要一個可以永續發展的體系。人們常把「永續發展」掛在嘴邊，卻未必放在心上。有些經濟學者把「人口成長失控」的預警當成危言聳聽，他們以為人類能一如既往地靠著智慧與創意活下去。另有學者指出，人們受市場力量驅策，為了追求經濟成長而把汙染等不討喜的麻煩擱著不管，這樣下去遲早自食惡果。雙方都有辦法搬出一套說辭和支持己方的數據，卻沒人注意到我們的選擇早已受限於「熱力學」的框架。不論是糧食生產、科技發明，還是社會新陳代謝，萬事萬物的萌發都會損耗能量、製造廢棄物。簡單來說，就是天下沒有白吃的午餐。人類社會是個複雜的生態體系，如同其他生態體系是個互動的網絡，既需要能量維持運作，也抵抗著無可避免的衰敗。往後一百年內，開創名符其實的「永續學」是人類最重要的目標。如果做不到這一點，其餘事物也就無關緊要了。畢竟在宇宙之中，人類的存在並非必然。

人口的移動改變社會樣貌

　　話說回來，未來人類社會將呈現何種樣貌？

　　人類壽命上升、出生率下降，表示全球人口呈現老化

趨勢。二〇一二年，英國七十五歲以上人口為五百一十萬，預估在二〇二二年將攀升至六百六十萬。到了二〇五〇年，開發中國家將有三分之一的國民大於六十歲，諸多影響包括醫療保健需求增加，以及工作人口的結構轉變等。

另一個重要的問題是，人類社會將立基於何處？聯合國報告顯示，在二〇〇七年，全世界已有超過一半的人居住在城市，這代表未來對大多數人來說將是「都會未來」。

如今可見不少人口超過一千萬的巨型都市（megacity），多半坐落於亞洲、非洲、南美洲的開發中國家，孟買、拉哥斯、聖保羅、馬尼拉等城市就是最好的例子。接下來二十年的人口盛長預測，幾乎全以巨型都市為本，尤其是開發中國家的大城市。預計到了二〇三五年，全世界將有百分之六十的人口集中在都市。

在古老的故事中，人們必須投身廣闊世界以尋求財富；今日，大家在都市裡尋找機會。許多人從外圍湧入城市，想賺錢，想改善生活，卻未必能如願。而許多城市根本應付不了湧入的人潮，例如現在全世界有一億五千萬的城市居民面臨用水問題。氣候變遷模型預示了未來地球海平面上升，極端天氣將會更普遍，海岸低窪地帶那些迅速成長的城市將更容易遭受洪災侵襲。

　　我們不需要水晶球也能預料美國的全球勢力持續衰退，歐洲的聯合大計籠罩陰霾。假如你對此存疑，瞥一眼世界一級城市的榜單變化，大概能明白哪些地區在未來將會有所作為。一九五〇年全球前五大城市依次為紐約、東京、倫敦、大阪、巴黎，到了二〇一〇年則變成東京、德里、墨西哥市、上海、聖保羅。學者預估，二〇三〇年上榜的五大城市將會是東京、德里、上海、孟買、北京。欲尋覓未來世界的政治與經濟中心，向東走就對了。

　　當然，都市發展是一回事，都市繁榮又是另一回事。箇中區別，從里約熱內盧和聖保羅的貧民窟便可明白。就中國與印度現今的發展態勢來看，我們似乎仍可肯定，這兩國會繼續成長為世界強權。下一個二十年內，中國可望打造出兩三百座居民逾百萬的嶄新都市。事實上，全球每週的新生人口相當於一座一百五十萬人的大城。

　　說到底，未來都市會是什麼模樣？按照藝術家的想像，整座城市充滿閃亮的玻璃與鍍鉻建築，綠樹座落其中。這畫面很迷人，也很誤導人，因為都市的未來並非定於一尊。有的城市會更生機盎然，更利於居住；有的城市中心看起來金碧輝煌，外圍卻被貧民區環繞，貧富差距之大，教現今社會相形見絀。我們真能擘劃出一座圓滿的城市？又或

者如都市理論家路易斯・曼佛德（Lewis Mumford）與珍・雅各（Jane Jacobs）所主張，城市必須一直「自然而然」（organically）發展，才能蓬勃興盛而不至委靡貧乏？

　　有學者認為，與其依賴都市規劃者與建築師過於獨斷的春秋大夢，唯有發展出名符其實的「城市學」才能解答這類問題。眼下已能瞥見「城市學」這門新興學問透出的幾絲微光，尤其當人們了解到某些情況幾乎所有城市皆然，無關城市大小及性質。城市的發展仰賴規模經濟；規模越大，基礎建設與能源使用的人均支出越低，平均收入增加越多。然而萬事萬物的利弊得失，無不隨著規模擴大而加速成長；大城市的犯罪率、竊盜率和疾病傳染率較高，生活步調較快，不只企業興衰加速，就連人走路也慢不得。看來，要享受城市生活的優點，必然得同時承受缺點。如果你夠幸運擁有選擇權，你會選擇住在城市嗎？

　　擴大來看，人口移入都市是全球遷徙趨勢的其中一環。據聯合國估計，當前流動人口有超過兩億人選擇從本國遷至他國，約有七億四千萬人在自己國內遷徙移居。而過去幾十年來，這等遷徙幾乎都是由鄉野移往都市。

　　為什麼會出現這樣的遷徙模式？低所得國家人民的遷居原因十之八九出於經濟，想要有較好的工作機會、較高

的工資，或是另謀生路（特別是當務農再難養家活口的時候）。此外，有的是求學或依親；有的想逃離戰亂或政治、文化迫害，比如敘利亞難民；有的在社會政治因素下遭強制遷移，比如中國修築長江大壩；有的迫於洪災、耕土貧瘠、缺水等環境災害，不得不搬離。

　　此後數十年，氣候變遷勢必使人類的遷徙活動更加頻繁，但這不代表我們可以簡單將這些人稱作「氣候移民」。環境變化和其他促成遷移的因素會相互影響，例如辛巴威的經濟與政治動盪不安，又逢鄉村乾旱，自本世紀初起已有一百五十至兩百萬難民逃往鄰國南非謀生，但待遇欠佳。再者，由環境變化的角度來看人口流動，可能會將政策與法界定義下的「遷徙」（migration）與「流離」（displacement）混為一談；前者是自主選擇，後者為外力所迫、不得不然。我們有時很難清楚分辨什麼樣的情勢才算惡劣到讓人非走不可。無論如何，經歷歐洲難民危機之後，說遷徙與移民是今後世界重要政治議題，應該不會有人質疑。

科技界定身分

　　乍看之下，此項進展迅速的科技革新和非洲農民或蒙

古牧民似乎沒什麼關係，但多虧了電話網路，才將這些人與科技連結起來。

目前世界上每三人就有兩人擁有或使用手機，就連在非洲撒哈拉沙漠以南的低度開發國家也很常見。現代人主要透過手機（電信）交流，網際網路反倒不如手機這般普及。據統計，已開發國家的每五個家庭有四個能上網，低度開發國家則降至每十個家庭還不到一個有網路。我們有理由擔心這樣的科技鴻溝（或者說數位鴻溝），但無法簡單將此現象與其他社會問題畫上等號。不難想見，不同的年齡層也隔著上述鴻溝。根據英國二〇一六年的一份調查，近三個月曾使用網際網路的比例，十六歲至二十四歲人士超過百分之九十九，七十五歲以上人士僅百分之三十九。

網際網路的使用情況僅代表趨勢的一角。行動網路讓網路使用模式轉向「永遠在線」的心態。一九九〇年代出生的人，即所謂的「Z世代」，從未見識過無電腦和手機的年代，而這些人現在陸續成年。二〇一一年，英國有份調查取樣十六歲至二十四歲人士，發現百分之四十五的人覺得處在「上線」狀態的時候最快樂。現在多數公司會要求員工以手機和電郵隨時聯繫，人們也會利用手機與電郵在上班時間處理家務或私人事務，職場與家庭的界線也因此被打破。

　　類似統計不勝枚舉，箇中意涵卻非顯而易見。若以當前統計數據外推，意謂著十年過後，全世界會有四分之三的人擁有手機。然而使用手機對肯亞農人或蒙古牧民，以及對倫敦金融中心的交易員來說，結果是兩碼子事。

　　資訊科技與社群媒體如此普及，說它們使人類生活「轉型」並不為過，也確有「顛覆」之能。但二者到底會使哪些事物轉型，又將顛覆什麼呢？把二〇一一年的「阿拉伯之春」想成是一次「推特革命」（Twitter revolutions）足以令人振奮，只可惜相關佐證早已蒸發，而且無論如何，這種想法對於了解事件後續走向一點幫助也沒有。

　　「資訊相連」只是世界趨勢的全局一景，人與人、社會與社會之間將更加彼此依賴，包括交易、旅行、疾疫、審核、隱私等眾多層面皆會互相影響，宛如一鍋令人期待的大雜燴，誰也無法預料滋味如何。而人類生存迄今可從經驗中學得些什麼？以下是我個人提出的一些建議：

▶ 人與人互相連結不代表能互相包容，反倒可能各執一詞、僵持不下，使政治論述變得更加粗蠻，或使極端主義變得更為偏執。並無跡象顯示網際網路和社群媒體能鼓勵人們放開心胸討論是非；從某方面來看，它們的設計讓人更容

易排除異議及質疑，透過演算法提供個人化的新聞或購物建議便是一例。以前，想找一些否認納粹屠殺猶太人的偽歷史來讀還得花點氣力，現在滑鼠點兩下就成了。

▶ 資訊科技有可能會加深既有的偏見與誤解，當然也有可能擴大社會的不平等。在商業貿易、藝術、娛樂、名聲等方面，市場比以往更傾向「贏家全拿」的局面。心理學研究指出，這正是網路上各種「評價制度」的目的，讓人輕易看到其他人做出的選擇，進一步被影響。

▶ 一項工作如果能由機器人代勞，未來多半會被機器人接手。眼下金融市場已有諸多交易由演算法自動執行，局勢發展之快，而且自成規律，遠非人能掌控。至於規律為何，我們至今尚未真正摸清。自動化的態勢將不斷擴展到更多精密行業，如醫療保健和教育。當然，這未必沒有好處：機器人醫生無須睡眠，病患看診不用等上好幾週；有了基因數據與植入人體的監測裝置，機器人對病患的健康狀況將有更深層的了解，也許遠非人類醫師能及。話說回來，自動化也將改變勞動市場，而我們從歷史中學到的教訓是，失去社會生產力的人等於被剝奪經濟實力，更不用談什麼享受閒暇時光。

▶ 你最重要的資產可能不是技術、知識，甚至也不是財富，

而是名聲，比如你在網路上的評價。這表示一個人必須善加經營及傳揚自己的名聲；你可以自己來，也可以像大企業那樣花錢請人代理。

以上趨勢並無明顯的單一走向，更確切地說，其中還內含許多矛盾，例如謊言更容易被揭穿，卻也散布得更快、更容易。重點是，這樣的改變並非發生於空想的社會政治情境；而這樣的改變發生在中國所代表的意義，和發生在瑞典或伊朗截然不同。

若說我們可從中得出以下關乎人類未來的啟示，應不至於有爭議：每個人的身分不再像過去那般單一且固定，將變得比我們想像的更多元。我們在不同的情況下使用不同的身分；這些身分互有重疊而且日益難分，卻又能清楚地以不同的方式劃定個人的觀點和選擇。特別是傳統用來界定身分的社會標準（例如年齡和國籍）都將不再那麼重要，公私身分的界線也變得越來越模糊。以社會階級、族群歸屬、政治立場為本的身分定義，將讓位給新的劃分標準，例如出身城鄉或教育程度的高低。

如果個人身分的傳統特質變得支離破碎，可以想見未來社群的向心力將會更為疏遠，社會階層的流動性

降低或是邊緣化，讓種族隔離或極端主義有機可趁。但換個角度來看，科技及網路帶來人際關係的「超連結」（hyperconnectivity），將有機會強化正向群體認同，賦予營造社群的新契機。未來，無論是生活或身分，人與人都會逐漸變得密不可分。這究竟是好事還是壞事？我認為有好也有壞，而且不論何者的影響都會越來越大。

民主與宗教的未來

　　法蘭西斯・福山（Francis Fukuyama）一九九二年的著作《歷史終結與最後一人》（*The End of History and the Last Man*），是未來學學者最愛提及的代罪羔羊。該書指出，在柏林圍牆倒塌與蘇聯解體之後，每個已開發國家按理終將奉行自由民主。也許會有不少人嘲笑這個論調，然而現在的我們遠比以往更有理由質疑福山的安逸預測。穩定的民主制度對世界上某些國家來說仍然遙不可及，想在推翻獨裁者後立即施行民主制度更是天方夜譚；就算民主真的降臨了，也未必能行之長遠。在撰寫本文的當口，歐美民粹行徑煽動人心，儼然要將自由民主體系轉變為「強人」政權，靠著威逼、貪腐、串謀等手段加以維繫。說起這類政權，令人更常

聯想到的是俄國、中國和東南亞國家。「自由」與「民主」可否長久作伴？而未加管束的資本主義又能否與自由民主合得來？這是目前最需要審慎討論的議題，畢竟資本主義經濟充斥太多假話，進而催生社會不平等與怨恨。

　　總之，西方評論家無法再自信滿滿地說自己掌握了最佳的政治體制，更別提該怎麼將這套體制推行於西方之外。按政治學學者大衛‧朗西曼（David Runciman）的說法，在承受各種打擊後還能夠重整旗鼓，既是民主制度的優點，也是致命缺點，因為如此一來便無動機以過去的經驗為師。得過且過好像就夠了，等真的混不下去再說。

　　這麼說吧，我們不該再把政治想成是化學反應，冒幾個氣泡之後就能維持安定狀態。「變動」似乎才是唯一可以確定的事，而學者也開始將變動設想成「斷斷續續」的過程，並非漸進積累，而是突發震盪。

　　想來，宗教地位的起落，說不定就是變動之一。問題或許不在於宗教今後的發展，而要看我們談論的是哪一個宗教。有伊斯蘭教、基督教、佛教、印度教「四強」在前，其餘宗教日益失色。全世界有百分之十六人口自稱是無神論者，大部分集中在西歐，其傳播速度遠不及主要宗教（除了佛教之外，佛教徒的比例有下降的趨勢）。伊斯蘭教徒的全

球占比成長最快，預計到了二〇五〇年將與基督教相等，達百分之三十。

無論你對上述趨勢有何感想，將宗教視同語言等其他文化特質，才是合理的心態。畢竟宗教無法獨立於社會之外，它的發展與人口和經濟等因素密不可分，將來也會同這些因素持續塑形人類的生活。鑑古觀今，宗教未必反智、反科學、反民主、反人文，卻不表示它們在未來沒這個可能。

長遠來看……

最好的科幻創作從來無關預測未來。真正察覺未來走勢的科幻作品，往往善用對於未來想像的創作自由，探討世人當下的焦慮。例如《世界大戰》（*War of the Worlds*）、《美麗新世界》（*Brave New World*）、《一九八四》（*Nineteen Eighty-Four*）等小說，還有改編自菲利浦·狄克（Philip K. Dick）原著的《銀翼殺手》（*Blade Runner*），以及一九九七年上映、描繪基因隔離的《千鈞一髮》（*Gattaca*）等電影。當創作者言之鑿鑿的噴射背包、月球基地、機器人僕役至今未能實現，我們也沒有什麼好抱怨的。畢竟這從來就不是重點所在。

　　然而就連最厲害的科幻傑作也有失誤的時候。我們想像科技對人類的影響，卻沒看清楚科技如何回應人類的需求。事實上，科技很少被「強加」於人類身上。之所以會有新科技問世，也是人類社會加以認可、迎接並且經常使用，使該新科技成為一種常態，以至於到了非用不可的地步。在手機與社群媒體問世之前，我們從未真正認清自己有多自戀，或是多麼絕望地想逃離現實的寂寞。在網路發明之前，我們未曾領略信用對於社會運作是何等重要（電子商務），我們未曾發現自己對於相反的意見有多麼厭惡（媒體與網路同溫層）、對於尋常瑣事是如何沉迷（實境節目），以及在匿名的情況下可以變得何等刻薄（網路謾罵）。

　　於是乎「未來學」可以也必須逼使人們攬鏡自照。舉例來說，假設未來人類身心皆可與資訊科技結合，甚至能將心智上傳至量子硬碟，以此種形式實現永生不死，如此情景能否成真是一回事（剛好我個人認為這都是天馬行空），其背後代表的意義又是另一回事。由此一例可以看出人類對於死亡的看法，無論如何都將成為社會變革的推力。同理，我想指出，與其將本書各章內容看作是對未來的預測，不如說是「人類渴望的未來」。

　　每當問起未來會是什麼模樣，政府部門會搬出各種以

現況為基礎的圖表與統計報告，審慎推敲接下來的發展；未
來學學者則想像各種「不連續變化」和「特異事件」，亦即
難以預料的新科技或政治危機，使現況動搖，或使發展曲線
呈現斷口。藝術家與作家各自發揮巧思，描繪充滿諷世意味
的未來景象，有的離奇至極，甚至駭人聽聞。未來可能是美
麗的新世界，只不過人類皆在孵育中心的缸槽中成長；或者
置身巨塔蔽地的行星，每座層層疊疊的高塔都是一個國家；
又或者棲息於末日廢墟，以喬叟 ② 式的語言訴說著科技的
美好故事。我們需要這些數據、變革與想像，不是為了從中
尋得解答，而是我們必須藉此識破自身所設下的陷阱。美國
作家里查・鮑爾斯（Richard Powers）說得好：「人類貪得
無厭，正是問題所在。」

---

② 編按：喬叟（Geoffrey Chaucer）被譽為英國中世紀最傑出的詩人，其代表
作《坎特伯里故事集》（*The Canterbury Tales*）擺脫華而不實的詩作風格，
真實反映了當時社會各階層的生活樣貌。

第二章

生物圈

蓋雅‧凡斯（Gaia Vince）

朝陽映射於哥斯大黎加的太平洋沿岸，天際漸趨粉紅，岸邊一藍黑色人影活動了起來。我關上手電筒。這片寬闊的火山岩沙灘往南綿延好幾英里，除了我與傑羅‧奎洛斯‧羅賽爾（Jairo Quiros Rosales）便再無人跡。傑羅向我招手。我衝下沙灘往他奔去，眼光掃過陰沉的海岸線，但見日照漸強，遠方禿鷹點點，野狗自暗處現身，嗅聞著前晚沙間動靜。

朝海岸再走一百公尺左右，映入眼簾的是數以百計的欖蠵龜從海裡爬上岸產卵，有如整整齊齊的怪石隆起。用西

班牙語來說，眼前景象稱作「駕臨」（arribada）。為了看這一幕，我可等了不只一個月。傑羅被我一頭熱地拉著手，加緊腳步朝海龜趕去。我和他先前沒碰過面，但通電話久了，倒算混得有點熟。或者該說，我常打電話纏著他問海龜什麼時候到來，也就對這名害羞的哥斯大黎加籍研究者有了好感。儘管他的英語比我的西班牙語流利，我們還是以西班牙語交談。有些概念以特定語言表達最為貼切，「駕臨」正是一例。

海龜多半在全年不同時刻個別產卵，讓掠食者料不準幼龜孵化的時間和地點。欖蠵龜與其近親肯氏龜則演化出獨特的產卵策略 —— 大夥同時產卵，那麼就會有數量龐大的幼龜同時孵化，掠食者便難以吞噬殆盡。這就是生物演化上所謂的「超量滿足」（predator swamping）現象。欖蠵龜每年僅在世界少數幾處成群現蹤，其中一處就是哥斯大黎加的奧斯蒂歐娜海灘。

海岸線越來越明亮，我與傑羅齊步前行。海龜自汪洋源源湧出，好似坦克侵略沙灘；遠古雌性爬蟲類大軍受荷爾蒙驅策，想趕緊找個好所在存放珍寶。傑羅朝海面一指，只見一排與海岸平行的龜殼不時伸出小小的頭來呼吸，等著排隊上岸。在我倆面前，橄欖色的心型龜殼於沙灘起起伏伏，

急忙攀過或趕過彼此。整片沙灘擠滿了成千上萬的海龜，有些辦完了事，頂著厚重龜殼爬回大海，迎面卻是尚待產卵的同伴伸著不利陸行的蹼如潮水般湧來。等這些海龜爬到海邊已是筋疲力盡，靜靜地等候潮浪將牠們捲回海中。

　　能見到如此奇景，令我興奮到不能自己。傑羅也有同感，對著我以西班牙語喝了一聲采。雖然他陪著我清晨兩點便起床，而且早就看過海龜產卵很多次了，但他臉上的神情看起來依舊感動。海龜生活在海底世界，只能生活在陸地上的人類並沒有這麼容易見到牠們。我只有在潛水的時候，才有那難得的幾次機會近距離觀察海龜。牠們優哉游哉的姿態之美，出人料想之外。能一睹多隻野生動物近在咫尺已非比尋常，這次得以親眼見到如此大量的野生海龜團團圍繞，更是不可思議。然而欖蠵龜與其他海龜一樣，牠們的存在皆受到人類活動的威脅，恐有滅絕之虞。

　　海龜這種從恐龍時代就一直存在的生物，只是兩萬三千種即將滅絕的物種之一。如今人類主宰地球上的一切，逼得其他野生動植物幾乎沒有生存的空間。為了產糧、造城、開路、採礦，我們開發了世界半數以上的陸地，而全球淨初級生產（primary productivity，即動植物的一切生產）有超過百分之四十為人類所用，淡水則有四分之三為人類所控。

在所有大型動物之中，人類的數量遙遙領先，其次是人類培育來餵飽及服務自己的家禽家畜。就目前地球環境變遷的情況來看，未來有五分之一的物種恐將不復存在，比例幾乎是自然滅絕率的一千倍。光是過去這四十年間，已經有半數的野生動植物和昆蟲消失了。生物學家警告，人類即將面臨地球史上第六次大滅絕。而造成前五次大滅絕的原因，包括使恐龍絕跡的那次，皆為小行星撞擊或超級火山爆發那般翻天覆地的災變。

　　人類對地球的衝擊使自然界震顫，而海龜的處境唯見每況愈下，與許多其他物種並無二致。我們該關心牠們的遭遇嗎？地球少了一堆我們根本很少看到的動物，到底有什麼關係？人類與自然之間的關係相當複雜，要想了解當今生物滅絕的模式，就得檢視人類的生活、生計、慾望、動機與全球環境有何種密切難分的關聯。

　　在我看來，海龜「駕臨」一事讓人從獨特角度洞見一項遠大於各方勢力的全球難題。此中詳情取決於我們著眼何種動植物在人類掌控的地球掙扎求存，但人類的情感與舉動所起的作用無處不在。奧斯蒂歐娜海灘的情況之所以格外值得留意，在於人類設法兼顧了自然資源的運用與保護，而這就是關鍵 —— 想保護全球野生生物，就得顧及倚賴這些生物為

生的人類有何需求。

傑羅陪我沿著海灘向前走，一邊數著巡邏崗哨間有多少龜殼以及海龜往返沙岸留下的奇特爬痕，來推估龜群數量。研究人員隨後會算出較準確的數目，不過初估本次「駕臨」的海龜已超過一萬隻。他們會將部分海龜標記並測量身形，然後登錄於國際資料庫以利追蹤。但首先，他想讓我看樣東西。

「快來。」傑羅輕聲催促。我跟上前去，腳下平坦的濕土轉為乾燥鬆軟的沙丘。我們站在高於漲潮線的一處地方，這裡是海龜產卵的所在地。我和傑羅蹲下來，觀察剛爬到這裡不久的一隻母龜在選定的地點挖洞。母龜前蹼左右翻動，翻起的沙土撒在我的腳上。牠一挖再挖，持續著這項從恐龍時代綿延至今的重要儀式。那時地球由爬蟲類稱王，環境溫暖得多，也蠻荒得多；牠們體態龐大（白堊紀帝龜身長三公尺，年代較晚的駭龜重達兩噸），憑甲殼足以抵禦天敵，周遭也沒有像人類這樣的生物。不過幾分鐘，洞口大小已經可以讓母龜輕輕轉身，由尾部先行進入。接著她用後蹼往下深挖，把更多沙土撒向我和傑羅的腳。看架勢，我只能解釋成母龜存心這麼做，畢竟她挖土的同時還直直盯著我瞧。

當這個不論溫度、深度或距海遠近都十分適當的洞終

於挖好之後，就是母龜產卵的時刻了。生產可真是件吃力的苦差事，只見母龜龜殼起伏，雙眼木然出神，將一顆顆卵排入牠身下精心布置的巢穴。這些卵就是母龜存在的理由，其中孕育的遺傳基因將子輩、母輩、祖輩代代相連，一路回溯至白堊紀，甚至與我這當代遠親也產生了根本上的牽繫。看著她吐納漸沉，鼻頭因出力轉為濕潤，我對這名母親也深深感同身受，跨越了爬蟲類與哺乳類的鴻溝。當周遭的「產房」還可見別的母親正在翻土或產卵，已有禿鷹和野狗逡巡其間，等待時機一到便挖出並吞食新誕下的龜卵。

一隻海龜所產的卵約一百顆上下，每次「駕臨」所得的龜卵總數超過一千萬顆，但能夠撐到孵化的僅占千分之二，而孵出來的幼龜據估計只有百分之一能活到發育成熟。箇中的癥結，部分出於歷時五夜的「駕臨」行為本身。為數眾多的母龜將沙灘擠得水洩不通，代表先前產下的龜卵會被陸續乘夜而來的母龜挖掘損壞，導致各批龜卵毀於細菌感染。再者，龜卵孵化至少需要四十五天，然而在產卵期間，每次的「駕臨」通常相隔一個月，前次「駕臨」產下的龜卵有可能被下一次築巢的母龜掘出而毀損。

眼下已有禿鷹在盡情享用殘破龜卵中的遺骸。儘管禿鷹沒辦法挖出龜卵，但野狗辦得到，而有人的地方就會吸引

野狗出現。當地的野狗對大駕光臨的海龜、等待孵化的卵及孵化的幼龜都是威脅。傑羅出聲趕走野狗，但野狗很快又聚攏過來。

傑羅問我想不想再看得更仔細一點，我點了點頭。他小心翼翼撥開母龜尾部的一道沙土，只見成堆乒乓球大小的龜卵閃閃發光。正當我看得如癡如醉，母龜尾部後方的產卵管一沉，又產出了一顆珍貴龜卵，同時噴出黏液裹住通透的卵殼。我們繼續看著母龜產了幾顆卵，傑羅才將沙土封回，和我坐回原來的位置。

海龜妥貼地適應了生存環境，自三疊紀繁衍迄今幾無變化。牠們能在野外存活百年以上，直到垂垂老矣仍保有生育能力。然而在這個由人類主宰的「人類世」（Anthropocene），海龜面對的也許是百萬餘年來最險峻的難關。牠們產卵的沙灘遭人為過度開發，帶來了眾多的遊客和野狗滋擾。人造光亮害得仰賴月光引導的成龜與幼龜不知該如何辨認方向；船隻衝撞、漁網纏繞、誤食塑膠等汙染物質，更使海龜或死或傷。浮濫捕魚，破壞珊瑚礁，不僅使海龜無處覓食，也危及其食物供應。氣候變遷對海龜來說同樣是一大打擊，海平面上升連帶侵蝕了沙灘，限縮了可供海龜築巢的區域，好些沙灘甚至再難為海龜所用。逐年上升的氣

溫則影響了海龜的雌雄比例；海龜的性別視卵孵化時的溫度而定，卵溫較低會孵出雄龜，較高則孵出雌龜。生物學家指出，全球暖化已導致許多爬蟲類性別比例失衡，長久下來實在令人擔憂。上個月，奧斯蒂歐娜海灘未見母龜「駕臨」，十分不尋常。學者疑心，欠缺可交配的雄龜是原因之一。

話說回來，海龜生存的最大威脅顯然是盜獵。世界各地的人們為取龜肉、龜皮、龜殼，大肆屠戮上岸築巢的雌性欖蠵龜，龜卵也成了交易場上的珍饈。近二十年來，不過一個世代的光景，全世界的海龜總數就減少了三分之一。每年全球野生動物非法交易金額不下一百二十億英鎊，威脅到政府的穩定與國民的健康（畢竟有百分之七十的傳染病是由動物傳染給人類）。專門進行這類交易的是組織嚴密的犯罪集團，除了插手軍火、毒品等不法買賣，使政府禁令不彰，還金援區域衝突。在 eBay 等全球網路賣場公然交易時，賣家會將貨品冠上隱語，而全球非法野生動物貨品最終有超過一半流向中國。

海龜「駕臨」期間，傑羅等保育人士會和一些政府巡邏員巡視海灘，卻不敵志在必得的盜獵者把龜卵拿到黑市當壯陽藥販賣。在哥斯大黎加的加勒比海沿岸，我就看過有人在酒吧及餐館公然兜售或食用龜卵。當地的牟因海灘是瀕臨絕

種的稜皮龜產卵所在，由於盜獵猖獗，青年保育人士（大多數都是志工）會到稜皮龜築巢地點將龜卵挖出，另埋至較安全的隱密場所。不少盜獵者會對環保人士暴力相向，或是出言恐嚇，或是出手攻擊。二〇一三年五月，致力動物保育的年輕人傑洛・莫拉（Jairo Mora）在遷移龜卵時，遭盜獵者綁架殺害，兇手至今仍逍遙法外。莫拉則列名人數日增的環保烈士榜，為保護哥斯大黎加等地的野生動物而犧牲。根據二〇一五年的紀錄，全球像拉莫這樣的環保烈士達一百八十五人，但犯人僅一小部分伏法。

「你晚上一個人在這兒，會不會擔心自己的安全？」我問傑羅。「不會啦，加勒比海地區的情況不一樣。」傑羅這樣回答。過沒多久，他才坦承：「有時候會擔心。」自從莫拉遇害之後，多數環保人士不敢再巡察牟因海灘，盜獵行為則照舊橫行無阻。不過還是有像傑羅這樣的人，為了保護野生動物甘冒性命之危。

現在天色大亮，時間接近清晨六點。傑羅很疲倦，卻仍面帶微笑。眼前這片歸我與傑羅獨享的海灘，差不多就要有其他人闖入了。「我們的」那隻海龜產完了卵，推上沙土仔細覆蓋，然後就和其他母龜吃力地爬回大海。牠們個個都為物種延續盡了一己之力。由夜入晝，我見識到滿盈海龜的

沙灘，也見證了一名母親努力孕育後代，心中自私地希望眼前的美景不要被任何外人染指了。但自村落與沙灘相接處，可見一隊村民約四十人，手持米袋與籃子前來。

人類一向藉由開採周遭資源，來滿足自身對糧食與能源的種種需求。我們精於此道，從而繁衍興旺，壽命與生活品質都比過往任何時期更長、更美好，如今甚至主宰了整個地球。從前，人類的舉動導致部分生物滅絕；但現在全球人口超過七十億，我們的一舉一動足以產生全球規模的影響，輕易就能毀滅我們賴以為生的資源。難道人類只是自然循環的一部分，當繁殖到超過大自然能夠承受的極限時，只能承受人口崩盤的結果？或者我們是頭一個能自主自決的物種，能夠控制天生的衝動，管理對自然界的掠奪，讓未來的地球依舊適宜人居？

在過去幾十年內，當地社區一直在嘗試一項極富爭議的獨特保育實驗，設法在維繫海龜數量的同時，又能使貧窮的在地村莊受益。綜觀世界各地，唯有在奧斯蒂歐娜可合法採收欖蠵龜卵。

瑪麗娜・薇加（Malena Vega）朝我走來，和煦的微笑讓她圓圓的臉蛋泛起笑紋。我們通過幾次電話，她很好心地邀我參加今天的活動。瑪麗娜抬頭看向傑羅，確認今天上灘

築巢產卵的母龜在一千隻以上，已達採集龜卵的法定海龜數量下限。傑羅客氣地揮了揮手，轉身走回研究站，打算在入夜開始工作前補個眠。這時號角聲響，龜卵採收就此展開。

一九八〇年代末，奧斯蒂歐娜村的代表和研究海龜「駕臨」的生物學者聯絡，詢問能否讓採收龜卵的活動合法化，作為長久保育之道。他們擔心大批盜獵者踏進村落，既偷盜龜卵，又恐嚇地方人士，讓村民心生不安。終於，政府與村民共同擬訂了方案，成立一個由婦女自治營運的奧斯蒂歐娜發展協會，允許特定家庭在海龜「駕臨」的頭三天早上限量採集龜卵。反正這些一定數量的龜卵會被後來築巢的海龜損毀，況且根據研究人員的估算，早一點清除龜卵，可提高百分之五的孵化率。根據協議，社區居民須清潔海灘，保護海龜與龜卵免遭盜獵，並管理海龜「駕臨」期間來訪的大量觀光客。而採集所得龜卵經允許可與雞蛋等價販售，以求遏制黑市交易，收益則用於社區開發。

四周看去，在地男男女女旋身起舞，赤腳輕踏沙地，尋覓龜巢。每個人或多或少都穿戴了海龜圖樣的衣著或飾品，比如一件 T 恤或一條項鍊。他們一個個彎身挖了起來，此時沙灘只剩幾隻海龜，下一波產卵大軍要到夜裡才上岸。瑪麗娜在我身旁蹲下，雙手於沙中起落有致。等我意會過

來，才想到她在挖掘的就是「那隻」母龜的巢穴，心緒一下沉到了谷底 —— 就在剛剛，我可是看著母龜仔仔細細築好巢、產好卵，再把巢穴封妥。

「來這兒。」瑪麗娜喊道。她抓起我的手塞入龜巢洞口。「摸得到蛋嗎？」我掏了幾下，只摸到沙子，心頭卻感如釋重負。瑪麗娜把手伸了進去，熟門熟路地掏出幾顆龜卵放入布袋。「再試試。」她說。

這一次，我仿照瑪麗娜出手的角度挖土尋蛋，掏得了一顆。瑪麗娜向我鼓鼓掌，又繼續自龜巢挖出成把的龜卵放進布袋。巢穴挖空後，她走到幾公尺外挖掘另一處巢穴。我拿著取得的龜卵坐了下來。那顆卵又軟又溫熱，表面質感有如皮革，手一捏就凹了下去。而我成了自身最不樂見的那種竊賊，等做母親的一離開便闖入嬰兒房大加劫掠。人要對環境負責，這是我自小所接受的教誨，與當前舉動卻有天壤之別 —— 偷蛋已屬不應該，竊取保育動物的卵更是可惡。

瑪麗娜高聲對我說：「海龜蛋可以這樣生吃。」說完，她示範了一番，將卵殼剝開，啪地一聲吞食卵內之物。周圍的人很快就將布袋裝滿，花的時間出奇地短。當下這黑色沙灘已十分炎熱，大家都想回村子躲躲太陽。我幫忙瑪麗娜束緊布袋，一同拖著疲憊腳步橫越沙灘，往她家的方向走去。

龜卵比我想的更重，一路上我們走走停停。瑪麗娜是奧斯蒂歐娜發展協會的主席，我們聊起龜卵採收方案怎樣改變了村落。奧斯蒂歐娜是個貧苦鄉野小村，夾在兩條河與山海之間。雨季時河水氾濫，對外交通完全斷絕，村民為了生存什麼都吃。很多人拋棄村莊到城市謀生。她跟我說，如今依規定採收龜卵不僅讓村民得以安生，還能支付人員訓練、產假及退休金等費用。搬出去的人又搬回來了，在這裡安家立業。「海龜是我們的生計。我們熱愛海龜，海龜是我們的一切。」

「可是，這不是等於把你們以前的盜獵行為就地合法化嗎？」我問。「以前這地方很危險。」瑪麗娜回答。「海灘很髒，擠滿各地來的盜獵客。等警察趕到，兩邊人馬會槍戰。我的祖母就是被流彈打死的。經過這件事後，我們受夠了，我們決定站出來！這是我們的村子，這些是我們的海龜。」現在，她自己也當上祖母了。這名女性的剛強堅定，以及整個協會、整個社區的女性的成就，讓我印象深刻。

為了發展貧窮國家的經濟，餵飽日漸增長的人口，我們對全球資源的需求無比迫切。然而我們必須設法讓資源開發可長可久。瑪麗娜和她的鄰居在奧斯蒂歐娜村做的事，同樣試行於雨林伐木與海魚捕撈。要判斷人類開採瀕危資源時

能否真的避免竭澤而漁，現在還言之過早。但從目前種種跡象看來，若能照顧到在脆弱環境求生存的人們以及其長期需求，人類對生態體系的經營也會更為妥善一些。這樣的做法或許能喚醒了人類特有的利他天性，在看顧自身居住環境的同時對其他物種多加照料。

我和瑪麗娜走回她家。她和女兒及孫女一起住在以夾板隔間的儉樸木頭房子，還養了幾隻雞。「妳絕對得嚐嚐海龜蛋餅。」瑪麗娜面帶微笑，列出海龜蛋餅對健康的各種好處。她一邊熱著爐上的煎鍋，一邊切香菜和洋蔥，又剝了顆剛才挖的海龜蛋在碗裡。我則沉思起我們對生物的價值觀是何等奇怪、毫無章法，而後果又是何等要命。很多環保人士認為，合法採收龜卵確保了龜卵市場，從而成為傑洛・莫拉遇害的助因。但我看得出來，由於龜卵市場對奧斯蒂歐娜村的經濟至關緊要，讓海龜享有較完善的保護。

身處這個由人類主宰的新世紀，我們不能再放任大自然於猛烈的人為開發過程中自生自滅，否則未來將只有野草能存活下來。如果我們還想在大自然中看到動物，就必須積極加以保護。雖然海龜對世界上大部分的人用處不大，但我不願活在一個再也看不到海龜的世界。值此關頭，人類與大自然的需求互爭先後，而我們努力從中找出一條正確的路。

奧斯蒂歐娜村的例子告訴我們，人和大自然不一定非此即彼。想要保護野生生物，就得同時保障人的生存。

　　話說回來，海龜蛋餅很好吃。

第三章

氣候變遷

茉莉亞・史琳戈（Julia Slingo）

背景鋪陳

　　氣候變遷將是決定二十一世紀局面的重大挑戰；人類未來能否繁榮、健康、幸福，地球自然環境能否存續，全繫於世人的應對之道。二〇一五年，一百九十多個國家協議採取行動，將全球平均氣溫的升幅控制在攝氏兩度之內，可能的話最好以一點五度為限。① 日後當人們回顧歷史，大可將

---

① 二〇一五年十二月，在巴黎舉行的聯合國氣候高峰會上，聯合國一百九十五個會員國共同簽署了這項具有重要意義的氣候協議，稱作「巴黎協定」（Paris Agreement）。

這一年視為人類致力使政策與科學同調的轉捩點。不過我們該如何理解這種種發展？又該怎樣看待人類應對氣候變遷的方式，對自身生活型態及生活場域帶來的改變？

　　讓我們從「氣候」與「變遷」兩個詞彙談起。「氣候」指的是風速、氣溫、降雨量這類可視為穩定因素的長期平均值，通常以三十年為最短計算週期。年復一年，季節更替，我們期待氣候如常。許多社會與經濟體的運作與各自當前的氣候狀態亦步亦趨，印度就是很好的例子。周而復始的季風降雨為該國帶來充沛的用水、糧食和能源，若季風延宕未至，印度的經濟將大受衝擊。但就像那句名言所說的：「你所指望的叫氣候，實際碰上的叫天氣。」② 所以當我們說到氣候，還得考慮構成氣候的一系列天氣，尤其是極端天氣的發生頻率和可能釀成的重大影響。事實上，氣候變遷帶來的最深遠影響，必定和暴風、洪水、野火、暴潮和熱浪等極端天氣脫不了關係。

　　「變遷」則指有別於常態的情況。但如何界定常態？從

---

② 有人說這句話出自馬克‧吐溫（Mark Twain），但更有可能是出自任教於牛津大學的英國地理學者安德魯‧約翰‧賀伯森（Andrew John Herbertson）。

每小時到每十年為單位，天氣與氣候不斷變化，而如此「多變」正是定義氣候的一環。想界定「變遷」，其中一項是以現代人能夠承受的氣候變化為上限，科學家便是憑藉此方法歸結出氣候變遷事證確鑿。

然而放眼地球歷史，氣候一直在改變。例如最近一次的冰河期，或是更久遠以前的地球，氣溫與二氧化碳含量都比現在還要高出許多，那麼，我們現在為什麼要擔心？

有三項原因使當今氣候變遷與過往不同，首先是變遷的起因。今日的氣候變遷起自大氣層溫室氣體（特別是二氧化碳）濃度增長，而且增長速度極快。為了支持各項產業活動與生活方式、滿足人類無止盡的能源需求，我們燃燒煤塊、石油、瓦斯，在短短數十年間就將百萬年來積聚在地層中的碳釋放至大氣層。空氣中過多的二氧化碳導致海水酸性攀升，加上森林被大量砍伐，使得地球生物圈回收碳的方式發生變化，難以減輕人為氣體排放所產生的效應。由於二氧化碳是溫室氣體，這等不自然的快速增加導致地球氣溫升高，對天氣與自然環境造成多方衝擊，引發極端熱浪、水旱成災、海冰及冰河消融等不一而足。檢視地球的歷史，可看出過去氣候變遷的成因和地球環繞太陽軌道的週期變化有關。太陽輻射首先影響氣溫，然後地球的自然生態系統做出

回應，調整大氣層中的二氧化碳含量。由上可知，今昔氣候變遷的成因與路徑大不相同。我們雖能向歷史借鏡，但我們現在正經歷的「變遷」不可和過去同日而語。

今昔氣候變遷的第二項差異是步調。跟一百年前相比，現今二氧化碳濃度多出了百分之三十以上 —— 已經達到過去八十萬年以來的最高點。從上個世紀到現在，全球平均氣溫升高了攝氏一度，並且逐年增加中。若不認真採取行動，到二〇五〇年，氣溫將會升高超過兩度。這些數字聽起來很小，但別忘記了，在上一個冰河時期（約十萬年間），平均氣溫變化僅攝氏五度左右！人類一下子釋出遠古積存的碳，干擾了自然生態系統的若干回饋循環（feedback loop）與對應氣候變遷的自然演化。自然棲息地逐漸消失，不同以往的季節變化影響了眾多物種的生命週期，變遷速度之快，讓許多動植物未能來得及遷徙或適應。看來在接下來數十年內，這般氣候擾動將深深左右多數生態體系的存亡。於此同時，人類過度汲取地下水與河水，甚至讓河流在流入海洋前便枯竭。換句話說，我們打斷了地球的兩大循環（水循環與碳循環），讓地球陷入未知境地。

第三項差別在於規模；不是氣候變遷的規模，而是指人類社會的規模。世界人口持續增加，城市沿著海岸線迅速

拓展，整個世界的連繫日趨緊密、環環相扣——這一切都仰賴全球電信通訊與高效率的交通運輸，以及可靠的糧食、能源與用水供應。這些供應系統原本就容易受到惡劣天氣的影響，而氣候變遷的壓力造成的新局面，對未來人類的安穩生活帶來新的挑戰。世界氣候變遷比以往任何時候都更加直接或間接地衝擊著世人的生計、繁衍和幸福。

我們有十足的理由擔憂氣候變遷，而且時不我待。早在一九九〇年時，前英國首相柴契爾夫人（Margaret Thatcher）就指出了氣候變遷的威脅：「現在公證報告出爐了，而這份報告顯示我們必須立刻著手改正錯誤〔…〕要是我們收到警告卻遲遲不行動，或者心裡想著『會熬過去的』，將會為後世帶來巨大的風險〔…〕問題不在未來，而是在此時此地，遭殃的會是我們的兒女和子子孫孫。」二十五年來，各項產業發展和科學佐證與日俱增，上述迫切情勢卻不見緩和，人類依舊在拿未來做賭注。

人類所知與所不知

歷經工業革命直到現在，地球平均氣溫升高約攝氏一度；從一九七九年有紀錄起，夏季北極海冰至今已縮減了約

百分之四十的面積；從一九九〇年代初期開始，全球海平面每年上升約三公釐；最近這三十年間的地表溫度，比一八五〇年來任十年的地表平均溫度都還要高。根據二〇一三年聯合國政府間氣候變遷委員會（Intergovernmental Panel on Climate Change, IPCC）第五次評估報告，我們比以往更加確定，人類是一九五〇年代以來加速氣候變遷的「主因」。

　　雖然我們常談論氣候預測的未知變因，好些事情倒是明確無疑。我們可以確定全球將持續暖化；我們可以確定，氣溫持續攀升將擴大氣候變遷的不利影響，更容易發生不可逆的災變；即使穩定了地表溫度，冰帽及冰河仍將相繼消融，海平面在長時間內仍會不斷上升。

　　我們還可以確定，由於大氣層已積聚大量的碳，無論將來二氧化碳排放量如何，地球氣候都將產生某種程度的改變。這也代表不管人類有何作為，未來的生活型態都必須做出某種程度的調整。國家可能投入於防洪、沿海防衛等基礎設施的人力物力極巨，不容有失，各項建設的壽命與前置作業又極其漫長，在在表示這類投資多半將深受未來二十年至三十年的氣候變遷左右。我們須懂得未雨綢繆，讓生活與居住的城鎮免受氣候衝擊，同時保護自然環境。

　　地球氣候極為複雜，越是加以觀測與模擬，對於氣候

演變的無數交互作用就有越深的認識。我們了解到海洋具有極強的吸熱能力，對今後幾十年全球與局部地區的氣候變遷型態舉足輕重；陸地生物圈（植物與土壤）為了因應暖化及降雨模式的改變，十之八九將減低碳沉降 ③ 的效率，使人為碳排放引起的溫室效應擴大；根據熱空氣含水量較多這項簡單的物理原理，氣候變遷將會引發更多暴雨和洪水等極端的天氣變化。令人警醒的是，儘管科學研究不斷進步，我們仍無法從地球的氣候系統找到任何實際的方法來減輕人為溫室氣體排放的效應。相反地，我們知道的越多，就越是無法逃避教人不安的現實 —— 問題可能比我們想像的更棘手。

　　氣象學界近年來頗有斬獲，科學家打造出新一代氣候模型，以求模擬出更完整的地球氣候變化。建造模型非常重要，因為單憑觀測無法讓我們進一步推測整個地球體系的未來發展，就連何以走至眼下地步也無從得知。少了這方面的知識，便無法判斷該採取何種方法和節奏來減緩氣候變遷，以及該介入多深。

　　二〇一五年，全球平均氣溫的升幅跨越攝氏一度大

---

③ 編按：「碳沉降」是指植被吸收的二氧化碳多于它們釋放的二氧化碳，有助於降低大氣二氧化碳濃度。

關，離各國於巴黎訂下的攝氏兩度限制只剩一半，但相應的碳排放量限額已用去三分之二。後續的新科學研究也證實，當初設下的碳排放量限額過於樂觀。考量到極地永凍層消融，且生物圈吸收人為碳排放量的能力有限，情況比大家原本以為的更綁手綁腳。所以，要是真想拿地球的未來當賭注，聰明的就得小心行事。畢竟氣候變遷讓日子難過還算事小，危及性命才是事大。我們不該拿氣候預測的不確定性作為藉口，袖手旁觀。

二〇五〇年的氣候

　　就氣候的改變速度來看，二〇五〇年不算太遙遠，要我描繪那時的氣候多少還有些把握。不過我不打算鉅細靡遺地列出事實與數據，而是以未能大幅縮減碳排放為前提，推導出人類將承受的苦果。可以肯定，受害最深的會是每個國家中最貧窮的人口。

　　那麼，就讓我們快轉到二〇五〇年吧。與不過一個世紀前相比，地表氣溫高出幾近攝氏兩度，海平面也升高了三十公分。北極區海水溫度大幅上升，夏季海冰全消。海中哺乳類、魚類及鳥類的數量逐日減少，原住民再難依賴傳統的

生活方式取得食物。沿海海冰消融，海平面上升，天氣型態越來越極端，迫使某些聚落不得不另遷他處。海冰消融也讓北極海域門戶漸開，成了國際貿易的重要航道，加速當地自然資源開採。人類在北極圈的活動日趨頻繁，引入了外來物種，改變了當地的自然生態體系。

在印度，雨季來臨前的異常高溫將損及大部分國民的健康，北部平原住戶受害尤深；季風期間，每日降雨強度增長使洪災日盛。每逢暴潮，海平面攀升，沿海低窪地帶海水倒灌的頻率越來越高。淡水供應遭到汙染，農地受損，由髒水傳播的疾病越來越普遍，居民被迫遷居的問題一天比一天嚴重。相反地，若真要說有什麼好處，就是空氣品質大有改善，呼吸道疾病患者減少。

在熱帶國家，白天氣溫常超出戶外作業安全的門檻，想在重要城鎮開闢或維護基礎建設更加艱難，冷氣空調的需求也使供電更顯吃緊。

海平面攀升使若干海島小國變得不宜人居，島民無國可歸，前途未卜，位於太平洋中央的吉里巴斯便是一例。有些島國因珊瑚白化，漁業資源盡失，糧食安全不保，為全國帶來重要經濟收入的觀光業凋敝不起。

澳洲南部及包括中東在內的地中海國家，擺脫不了長

期乾旱與夏季極端熱浪，野火為禍日烈，住家與都市環境同樣深受其害，自然生態受到的衝擊尤其嚴重。地下蓄水層逐日枯竭，水資源安全成為當務之急。

至於在英國及北歐地區，原本就善變的天氣更加反覆不定，極端的氣溫與降雨頻率越來越高。歐美國家投注更多人力物力在防洪工作，也學會如何管理環境，以減輕氣候變遷帶來的災害。一方面，夏季熱浪更形猖獗，暖化使積雪消融，冬季滑雪逐漸變成一種奢侈的活動；另一方面，生長季變長，氣溫變暖，糧食生產與觀光業反而更多元發展。

像這樣略探二○五○年氣候狀況無疑是一記警鐘，讓我們記得氣候變遷對未來的社會與經濟影響是如何舉足輕重，並回想起身為萬物之靈的責任，是照顧多采多姿的地球自然生態。淡水極有可能成為地球上最珍貴的資源，而未來各地區降雨模式將如何變化？對水資源的供應與品質有何衝擊？河流與地下水層這類跨國界水資源的歸屬權，在法律上該如何判定？這些議題將決定世界此後數十年的局面。

截至目前為止，氣候變遷的最大爭議在於難以準確預測，以及相關應對方法會對經濟會產生何種影響。然而氣候議題逐漸轉變成道德爭端，因為很明顯地，氣候變遷的最大受害者是收入較低的人口以及經濟發展遲緩的國家。二

○一五年，聯合國人權事務資深專員佛拉薇亞‧潘席亞蕊
（Flavia Pansieri）提到：「人為力量引發的氣候變遷不但侵
犯了人人共享的生態體系，也危害了小島國民及沿岸住戶享
有健康、糧食、水資源、公共衛生、合宜住宅，乃至於自決
的權利。」展望未來，捍衛基本人權一事，以及先進國家如
何援助開發中國家，將會從根本改變世人對於應對氣候變遷
的看法。

我們的抉擇

　　二○一五年可以算作人類發展史上的里程碑。世界
各國不僅簽署巴黎協定，更通過仙台減災綱領（Sendai
Framework for Disaster Risk Reduction）。這份綱領一來使各
個國家有義務通力合作，大幅降低災難風險，減少人民生
命、生計、健康等損失，二來同意按聯合國永續發展目標，
終結貧窮與飢餓，增進衛生與教育，保護海洋與森林。要達
成這每一項目標，歸根究柢都得對抗氣候變遷。
　　要遏止全球暖化，人類的生活型態非變不可。我們必
須改變能源的生產、儲存及運用方式，也得學習如何適應極
端天氣 —— 有備無患才是關鍵。持續改進天氣與氣候預報的

準確度，讓我們更能防患於未然。人類與自然的互動不只影響自然環境本身（而且影響越來越深），也關係到氣候災害對人類的衝擊。因此，我們勢必得致力於發展環境風險評估，包括災難預測（例如洪水）及擬定相應措施（例如新的清淤或植木方案），將風險降至最低的同時，也要能衡量成本效益。這需要建立先進的人造環境與生態系統模型，與天氣及氣候模擬互相整合，連帶深入研究人類動態，採用新的方法來為金融及社會經濟等因子設置模型。

人們將減緩氣候變遷的行動聚焦於調降二氧化碳的排放量，不過大氣中還有別的汙染物，如碳煙和硫酸鹽氣膠（空氣中的懸浮微粒）。若能同時減少這類汙染物的排放量，可改善空氣品質和人類與動植物的健康。中國就是個現成的例子。為了解決嚴重的空氣汙染問題，該國現正努力轉型為低碳經濟。然而上述懸浮微粒可增加雲層的日照反射率，有助於使地表降溫，若全部清除可能會在短期內加速某些地區的暖化，對局部氣候產生不利影響。可見要找出減少空汙排放的最佳之道來減緩氣候變遷，並不如想像中這麼簡單，需整合最新的地球系統科學（Earth system science, ESS）與社會經濟學評估。

在爭論如何減緩氣候變遷時，還有一項因素是地球工

學（geoengineering）可能產生的影響。這涉及管理太陽輻射或直接移除大氣層中的二氧化碳，來刻意干涉地球大自然體系，反制氣候變遷。日益顯明的一點是，要達到巴黎協定的氣溫目標，也許得運用生物能源與碳捕集及封存（bioenergy with carbon capture and storage, BECCS）的技術，大量移除大氣中的碳。（儘管川普總統於二○一七年六月宣布美國將退出巴黎協定，在本文撰寫期間，該國立場仍不明朗。）我們得在全球施行這些技術，才能大幅降低大氣層中的二氧化碳濃度。

管理太陽輻射的例子則有以細微粒子更動雲層，或是在平流層注入氣膠，將較多的太陽輻射反射回太空。對此，我們有必要好好理解潛在衝擊，將眼光放遠，在降低全球地表溫度的效益外，還得看到對局部氣候，以至於對水資源、糧食安全等的影響。目前學界對此項目的相關研究尚淺，有待如探討溫室氣體排放的區域效應那般孜孜不倦研究。此中牽扯到社會、法律、政治議題，格外惹人疑慮；各國大可單方推動技術，無須顧及全球承受的後果，而國際共管機制也將付之闕如。

說到底，無論怎樣結合「調適」（適應氣候變遷的影響）與「減緩」（減低氣候變遷的程度）兩種手段，都得靠

工程專家與技術人員想出嶄新的方法，生產潔淨能源並加以儲存、分配，好維持全球經濟穩定。同時，我們每個人也要為保護自然環境盡一分力，為後世子孫善盡保管地球之責。這代表在我們之中，有能力者必須為人們的生活型態與居住場所做出抉擇，扶助那些無權抉擇的人。

結語

　　毫無疑問，未來所有人都將深受氣候變遷影響，但我們並非盲目前行、對可能遭遇的情況一無所知。近五十年來，學界成果豐碩，建立了各種電腦模型來模擬地球氣候，並借助基礎物理原理來預測天氣及氣候的演變。別的科學領域很少能像氣候預測這樣有自信地望向未來。

　　英國海軍中將羅伯‧費茲洛伊（Robert Fitzroy）曾說過一段發人深省的話。費茲洛伊除了執掌小獵犬號，帶著達爾文踏上「物種起源」的重大旅程，還創立英國氣象局，發布史上頭一份公共天氣預報。一八五九年，皇家特許號於惡劣風暴中翻覆之時，費茲洛伊投書《泰晤士報》：「人無力平息狂風，但能見狂風於未萌；無力使風暴止歇，卻可逃脫風暴肆虐。倘若將一切可供調動於船難救災的器械用於正途，

或許能有奇效，減輕駭人天災的損壞。」

　　一百五十多年前，費茲洛伊走上一條漫漫長路，首倡以氣象預報來因應嚴酷天氣的衝擊。如今，氣象預報更用來對抗氣候變遷。我們對天氣與氣候的認識與預測，規模從全球到局部地區，時間從數小時到數十年為計，讓我們有辦法規劃未來，保有平安。

　　就讓我引皮爾斯・賽勒斯（Piers Sellers）兩段文字作結吧。賽勒斯出生於英國，身兼太空人與氣象學者，二〇一六年十二月死於胰臟癌。過世前一年，他向《紐約時報》投遞了一篇關於氣候變遷的動人文章：「新科技很能以出乎意料的方式改善人類生活。如果懂得謹慎因應各種挑戰與風險，就沒有什麼合理依據相信未來會變得比現在糟。歷史上多得是人類克服困境的實例，成功的人往往務實且懂得變通，失敗的人通常不肯正視眼前的威脅〔…〕身為太空人，我曾漫步於離地球二百二十英里處，沿著國際太空站漂浮。我見過颶風橫掃汪洋，見過亞馬遜河蜿蜒赴海、兩旁雨林蒼翠如茵；我見過赤道夜雨滂沱，電光閃閃、雷聲隆隆，綿延數百英里。從這上帝視角看去，地球是何等脆弱，卻又無比珍貴。我對地球的未來深具信心。」

人類的未來

醫學，遺傳學，超人類主義

第四章

醫學的未來

亞當・庫察斯基（Adam Kucharski）

　　二〇一六年四月二十六日，一項肉眼難見的新威脅於美國賓州登場。正當全美民眾關注該州的總統初選時，一名有細菌感染症狀的婦人至診所就醫。醫師採樣了患者的尿液，檢測出病源是大腸桿菌。不過當尿液樣本送交進一步化驗後，卻發現其中的大腸桿菌菌株非同一般。

　　出於對抗藥性的憂慮，不久前地方實驗室才開始檢驗手中樣本對於「克痢黴素」（colistin）這種抗生素的抗性。克痢黴素於一九四九年問世，被醫界稱為最後的武器。由於克痢黴素對腎臟傷害極大，除非用來應付其他藥性較弱的抗生素無法治療的病菌，現在很少有醫師會開這種藥了。

賓州婦人的尿液樣本之所以非比尋常，在於內含能使病菌對克痢黴素產生抗性的基因。雖然有關衛生當局早就聽聞國外出現類似的抗藥基因，但在美國本土可是頭一遭。所幸賓州的那份基因樣本並非對所有抗生素都具有抗性，卻足以證實類似的感染正在蠶食美國的醫療防線。「我們從這個例子可以看出抗生素的末路不遠了。」說這番話的是當時美國疾病管制與預防中心（Centers for Disease Control and Prevention, CDC）的負責人湯姆‧斐頓（Tom Frieden）。

這話在五十年前聽來或許荒唐可笑。自一九五〇年代以來，盤尼西林等抗生素被廣泛使用，而且成效顯著。亞伯‧沙賓（Albert Sabin）開發出可連同方糖服下的小兒麻痺疫苗，肺結核一類的疾病也終於有藥可治。一九六七年，美國衛生署長威廉‧史都華（William Stewart）甚至宣稱：「人類戰勝了傳染病。」

然而時至今日，這場大戰仍未停止。儘管人們前仆後繼地接種疫苗，小兒麻痺仍無法完全根除。具抗藥性的「超級細菌」使抗生素難以奏效，也讓肺結核再度成為致命病症。於此同時，人類除了要面對可能爆發的恐怖疫情（也許是流感，也許是其他傳染病），人口高齡化更帶來了另一波挑戰。不過話說回來，現代醫療的進展也相當可觀，從遺傳

學、個人化醫療到遠距手術，所在多有。那麼，這一切利弊得失會將人們帶至何等境地？我們對未來醫學應該感到樂觀還是悲觀？

下一波傳染病

在醫學研究的領域，什麼事都有可能發生。二十世紀初的現代醫學先驅威廉·奧斯勒（William Osler）爵士，曾把自己的研究形容成「可能」的藝術與「不確定」的科學。以傳染病為例，我們幾乎能肯定這輩子還會再見到另一波病毒傳染疫情爆發，至於是哪種病毒，又會在何時何地爆發，我們只能根據現有的資訊來猜一猜了。

奧斯勒於一九一九年死於惡名昭彰的「西班牙流感」，該流感造成的死亡人數比第一次世界大戰還多。自從二十一世紀以來，人類已經遭遇好幾次新病毒的威脅，包括二〇〇三年的嚴重急性呼吸道症候群（SARS）、二〇〇九年的A型H1N1流感（又稱「豬流感」）和二〇一四年的伊波拉病毒。引起以上三例的病原體雖然兇猛，卻隱含對人類有利的生物特徵。被SARS或伊波拉病毒感染的患者通常有症狀可循，衛生單位得以追蹤並隔離近期與病患接觸過的人士，將

疫情控制下來。要追蹤流感的傳染途徑則困難得多，幸好引發二〇〇九年疫情的流感菌株遠不及一九一九年肆虐的變體致命。

這種「運氣」相當重要，畢竟當新疫情爆發時，我們通常欠缺有效的治療藥物與疫苗。問題就出在時間 —— 醫學研究需耗時數年或數十年才能看見成果，而流行病通常只會持續幾個月。這正是為什麼我們仍然缺乏能派上用場的 SARS 疫苗，而當豬流感疫苗姍姍來遲，疫情早已過了高峰期。

然而局面正在改變。二〇一四至一五年，當伊波拉病毒開始流行，研究人員快馬加鞭，世界衛生組織（World Health Organization）不到一年便找出高效疫苗。下一步得讓研究成果準備好，在新的感染案例出現時即時登場。也就是說，到時將備有通過初步安全檢測的藥品與疫苗，也有研究團隊能在疾疫爆發的困難條件下很快進行臨床試驗。二〇一七年，多國政府與生物醫學組織成立流行病防範創新聯盟（Coalition for Epidemic Preparedness Innovations, CEPI），投入十億美元資助疫苗開發，並且從中東呼吸症侯群、拉薩熱及立百病毒（Nipah virus）開始。這三種病毒都是經動物傳染給人，但還未（或者說「尚未」）釀成重大疫情。

不過就算備妥了疫苗因應新的病毒威脅，我們還要能

夠即時察覺疫情。將來，流行性傳染病的控制是成是敗，全看科學家如何搜集與分析數據。例如，除了檢測感染情況，醫療院所現在還能搜集比對患者所染病毒或細菌的基因組序列。二〇一四年伊波拉病毒流行之初，整個比對過程歷時數週；接近尾聲時，研究團隊用隨身碟大小的裝置就能在幾個小時內將病毒基因定序。從伊波拉到流感，以後各種傳染病都得定序，好搞清楚相異病原體如何散播與演化，或追蹤病毒是怎麼突變到讓當前藥品與疫苗無用武之地。

　　在接下來的幾十年，醫療新聞的頭條十之八九會與抗藥性疾病有關。人類在自己及家禽家畜身上濫用抗生素，惹來了無法治療的細菌感染，可能會讓常見的剖腹生產和髖關節手術有朝一日變得十分危險，而解決之道可不是開發更多新藥這麼簡單。上一次發現新品種的抗生素已經是一九八七年的事了。開發抗生素既花錢又費事，大多數患者卻只需要服用抗生素一到兩週，使得製藥公司寧願投資研發其他藥品。因此，想要解決抗生素引發的抗藥性問題，必須加強管理現有的治療方法，同時改變大眾的心態與行為。話是這麼說，但實際上執行起來可能非常棘手。你對健康的觀念從何而來？你的行為如何影響你罹患疾病的風險？何種因素可以改變你對於治療的態度？要解釋上述問題，得同時從生物醫

學及社會學尋找答案。

　　對人類行為有越深的理解，對於控制各種傳染疾病就越有幫助。舉例來說，伊波拉的疫情在西非能夠穩定下來，也許是靠著禁止人們做出一些容易招致感染的舉動。很多傳染病起自家人之間的往來和喪葬儀式，只要人類的行為改變了，疾病自然也就缺少傳染的途徑。不過我們仍未完全明白這種種變化是如何以及何時於西非發生，對未來的疾病傳染又有多大意義。

　　透過手機數據、衛星造像以及各式調查，研究公共衛生的學者越來越注意人們的移動與互動方式。不久之後，這類資料就可與基因組序列和環境分析等資訊結合，便於研究規模不一的傳染病。學者將可同時剖析傳染病的演變與環境及患者舉止之間的關聯，而非僅著眼於疾病的生物特徵或是對特定人口的影響。如此一來，衛生機關就能因地制宜，為特定人口或地區擬定疾病管制策略。在個人傳染病史可能波及日後患病風險的情況下，這樣的做法尤其重要。以登革熱為例，若曾感染過任何一型登革熱病毒，二度感染登革熱將有病情加重之虞。所以世界衛生組織在二〇一六年的研究會議上，建議在推廣登革熱疫苗接種時，應該要考慮該地區人口的傳染病史。就目前來看，這意謂著衛生機關得大量搜集

地方民眾的血液樣本，在實驗室裡花很多時間檢測。不過等到新的驗血技術發明後，要在這些樣本中識別出曾經大量傳染的病原體，將會變得更省事又省錢。隨著數據逐漸累積，這些為防治特定傳染病而採取的手段，最終將成為每個國家因應每一種疾病的標準程序。

因人制宜的醫療

因人制宜的醫療檢測將不只適用於傳染病的防治，也將普及於其他醫學領域。二〇一五年，美國總統歐巴馬（Barack Obama）啟動「精準醫療計畫」（Precision Medicine Initiative），從綜合患者的基因圖譜、居住環境和生活型態發展個人化治療，取代一體適用的傳統療法。疾病防治的焦點將逐漸轉移至患者的個別病況，這將是未來醫療的大勢所趨。除了原本已有考慮到個體差異的醫療手續（例如輸血得斟酌的血型），將來還會運用基因組定序這一類的新式檢測，讓醫師能更容易預測哪些療程會如何影響哪些病患。例如某些癌症藥物只對含特定基因特徵的腫瘤有效，又如囊腫纖化症用藥 Ivacaftor 僅適用於百分之五具某類基因突變的患者。

　　精準醫療讓醫學更能先發制「病」，不再等到患者發病才診治，而是以詳細數據為輔，在潛在疾病未釀成禍患前即時出手。基因檢測讓醫師得以預見遺傳病症，但目前只著重於有害的突變類型，如 $BRCA_1$ 基因突變。身懷此類突變的婦女，一生之中有百分之六十五的機率罹患乳癌。在這樣的狀況下，先一步動手術有機會減低罹癌風險。二〇一三年，女星安潔莉娜・裘莉（Angelina Jolie）決定動雙乳切除術，正是因為檢查出 $BRCA_1$ 基因突變。

　　最終，檢視整組基因（而非特定基因）這種做法會變得越來越普及，隨之而來的將是大量的數據。據美國冷泉港實驗室（Cold Spring Harbor Laboratory）的研究人員估計，到了二〇二五年，儲存人類基因資料所占用的電腦空間將會比Youtube 或 Twitter 更大。然而上述花費的空間和時間還不包含分析這龐大又複雜的數據。在某些案例中，單一基因與特定病症的關聯（比如 $BRCA_1$ 與乳癌）經由大型臨床實驗，證據確鑿。在理想情況下，每種疾病的都可以套入這樣簡單的規則：甲基因的乙突變引發丙疾患。若是一種病症很不湊巧地關係到多種基因，或者該病症相當罕見，要評估箇中風險便困難許多，要判斷是否以及如何施行預防療法也就相對更加不容易。

　　為了說明基因檢測或他類醫療檢測的結果有多難判讀，讓我們假設每一百萬人之中有五百人會受某種病症影響，而篩檢該病症的準確率達百分之九十九。如果篩檢出陽性，罹病機率有多高呢？答案值得玩味，僅區區百分之五。因為篩檢準確率只有百分之九十九，所以每一百萬受測者中，可以料見結果呈陽性且罹病的有四百九十五人，而不是所有受影響的五百人。同時，不受影響的九十九萬九千五百人之中會有百分之一，亦即九千九百九十五人，遭誤判為陽性，原因一樣在於篩檢準確率僅百分之九十九。於是，篩檢結果呈陽性的總人數為四百九十五人加九千九百九十五人，然而只有前者真的需要擔心健康，比例占百分之五。

　　請不要忘了，以上假設採取的是準確率百分之九十九的優質檢測。要是檢驗的準確率不如這般可靠，判讀起來更是難上加難。這就是為何醫師在診斷時，常會納入家族病史這類因素一起考量。目前，可能擁有基因疾病的患者可向基因顧問諮詢，了解其中的風險所代表的意義。然而基因顧問只提供資訊，並不會建議病人該怎麼做。當基因檢測日益普遍，醫療選擇漸趨複雜，反而教病患更難抉擇，特別是在可行療法有限的情況下。你會想知道自己有無罹患不治之症的風險嗎？如果檢測結果無法百分之百準確，你將如何應對難

以預料的局面？

　　當病人對於自身醫療數據的理解與掌握權越來越大，醫療決斷的權責也逐漸從醫師轉移到我們自己身上。將來我們得自行管理健康風險檢測，決定要採用何種數據，以及依數據探取何種行動。這也表示我們得權衡潛在利益與誤判可能產生的危害。根據美國明尼蘇達州梅奧醫學中心（Mayo Clinic）二〇一六年的一份報告，某男子先前經基因檢測指出自己與家人帶有危險的突變基因，便在體內植入心臟除顫器，後來到醫學中心尋求二度鑑定，才發現檢測結果判讀有誤。男子並沒有重大的患病風險。

　　基因檢測結果所牽扯到的利害關係，並不只和病患自己有關。多虧「二〇〇八年基因訊息平等法」（Genetic Information Nondiscrimination Act），現在美國的健保業者不許以基因突變為由拒絕承保。壽險公司則另當別論，有不少公司便拒接 BRCA₁ 突變者的保單。除非法律能跟上預防醫學的快速進展，否則基因所挾帶的健康風險或許也會損及人們的居住和工作等權利。

　　隨著人類對遺傳疾病有更深一層的認識，「病人」的定義也許會跟著模糊起來。二〇一五年，一名婦人將倫敦聖喬治國民保健信託（St George's NHS Trust）告上英國高等法

院，理由是未讓她知曉關係疏遠的父親罹患了杭丁頓氏症這項遺傳疾病。這位做父親的於二〇〇九年確診罹病後，並未按醫師建議將事情告訴女兒。而做女兒的當時懷有身孕，一直到二〇一三年才曉得自己患有此症。遇到這樣的情況，醫師該不該將個別患者的病情告知患者家屬呢？在本案中，法官裁定醫師維護病患隱私實屬正當。這是頭一次由法院為醫護人員應否向病患家屬揭露基因風險一事定調，不過將來肯定會有越來越多類似議題浮上檯面。

隨著醫界焦點由急症轉移至慢性疾患，家庭的角色也變得越來越重要。心臟病、糖尿病、肥胖症一直是富裕國家的大患，如今中低所得國家的國民也有越來越多類似的問題。一九七五至二〇一四年間，全球男性過胖的比例由百分之三攀升至百分之十一，女性則由百分之六提高到百分之十五。說來諷刺，醫療進步也會助長慢性病患的數量，因為今日的不治之症就算難以預防，到了明日也會逐漸找到應對之方，讓原本致死的疾病變的得以控制。將來，研究人員會找到新方法來減緩或停止阿茲海默症等退化性病變；各式醫療植入裝置將能有效監控患者的病況，並以此調整療程；幹細胞研究將有助於修復或取代受損的人體組織。去年，日本理研所發育生物學研究中心（RIKEN Center for Developmental

Biology）宣布，其研究團隊順利於實驗室培育出具備腺體與毛囊的老鼠皮膚。以後治療嚴重燒創傷時，說不定就不必再向身體其他部位借用皮膚組織，而是運用新培育的皮膚取而代之。還有其他團隊同時在研究以實驗室培育出的人體組織來修復膀胱、角膜、卵巢、血管，不一而足。醫療保健的進步讓人類的壽命比以往更長；既然我們有機會透過更多樣化的醫療選擇活得更長久，整個社會制度就必須有所調整，以因應長期照護所需的財政與情感支出。

緊密相連的世界帶來新的威脅

　　社會結構還會在其他層面影響人的健康。在一九七〇年代，全世界僅東京與紐約兩座城市的人口超過千萬。當時間快轉到二〇一七年，同等級的「巨型都市」多達三十七座，然而其中半數居民生活貧困，今後的情況多半也只會越來越糟。聯合國估計，到了二〇三〇年，全球城市貧民區人口將高達二十億。這種人口稠密的貧窮環境，極有可能成為伊波拉病毒或登革熱等傳染病的溫床，傳播速度之快，讓衛生機關措手不及。幾十年來，人們並未將伊波拉病毒視為頭號健康殺手，雖然曾在中非引發二十四起小規模出血熱案

例，但大多集中於鄉間，看不太出有大肆流行的可能性。但是到了二〇一四年，伊波拉襲擊了西非三座城市，傳染模式和以前大不相同。或許我們很快就會發現別種像伊波拉一樣的病原體，在人煙廣闊的鄉下地方吃不開，一旦傳入高樓林立的城市立刻就會蔓延開來。

然而都市人口的健康風險遠不止於此。美國健康指標與評估研究院（Institute for Health Metrics and Evaluation, IHME）的實驗指出，每年因空氣汙染而英年早逝的人數不下五百五十萬；其中半數在中國與印度，兩國的巨型都市加起來共十二座。如今全球城市除了規模越來越龐大，關係也越來越密切，每天自各地機場起降的航班十萬有餘。二〇〇九年的流感病毒在數週內席捲全球，以及二〇一五年首度於中國發現具克痢黴素抗藥性的大腸桿菌，不到幾個月便在美國賓州現蹤，原因皆在於此。飛航網絡改變了傳染病的影響區域與路徑。傳統地圖以直線標示距離，有可能讓我們看不清彼此之間的聯繫實際上有多緊密，以及傳染病到底是如何散播的。一旦將飛行航線列入考量，某些城市之間的距離或許會比看起來更近或更遠。

未來，醫學知識的全球傳播也會變得更迅速容易。二〇一六年，敘利亞內戰期間，英國和加拿大等地的資深醫師

運用網路攝影機,指導當地醫護人員在戰區動手術。擴增實境與機器人科技日新月異,醫療人員不久之後就可遠端操控更複雜的手術。全球數據共享也有利於居家醫療,以後病患不需要預約面對面看診,而是在家裡與人工智慧分診程式討論病情,如有必要則可利用擴增實境向醫師諮詢。做核磁共振或玻片檢驗時,我們還能利用識別軟體與全球患者資料庫連線來診斷病況。醫生也可以將患者病情與大量類似病例做比較,藉此判斷特定療法的風險。要是出現新的流行病,不論是伊波拉病毒還是大腸桿菌,衛生機關都能很快了解鄰近地區的疫情發展,及早想出應對方法。

　　這又帶我們回到了先前的提問:對醫學的未來發展應該樂觀還是悲觀?就算提升當下的防疫手段,根絕霍亂、小兒麻痺、麻疹等疾患,還是會有其他疾病取而代之。不論是具有抗藥性的超級細菌,或是因生活型態改變而日漸普及的慢性病,即使在遙遠的將來能解決這些問題,人類的健康與壽命終有其極限。牽起這個世界的種種聯繫將同時為人類的健康帶來新的威脅,以及生物、科技和社會層面的挑戰。醫療的全球化也會激盪出新的觀念與方法,讓人類能夠跟得上,甚至超越這些挑戰。最終,仍是人與人之間的聯繫與合作,才能為人類帶來救贖與希望。

第五章

基因組學與基因工程

亞拉席・普拉薩（Aarathi Prasad）

「生物學將是此後一百年的領航學科。」

—— 佛里曼・戴森（Freeman Dyson），一九六六年

　　遺傳學的研究主體是去氧核糖核酸，也就是大家熟悉的 DNA。更確切地說，是 DNA 中被稱為「基因」的單位，和控制基因的種種因素。基因是遺傳性狀的基礎單位，好比操控身體的程式，內含各種指令（也就是有待執行的編碼）。大部分基因記錄的是如何製造各種蛋白質的訊息，另外在基因的兩端還有一個部位稱為側翼區（flanking regions），本身並不製造蛋白質，而是用來調節基因製造蛋白質的速度等功能。人體組織與器官、荷爾蒙、抗體等等的構成材料都是

蛋白質，所以基因對於人的體態、健康和潛能，擁有決定性的影響。

　　基因工程是操控基因的一門學問，而且由來已久。其中技術難度較低的方法是選拔或育種，例如將玉米從一萬年前的細小花穗，變成現在這麼碩大的棒狀；還有將野生的狼培育成趴在人類腳邊的家犬。到了近代，研究者於實驗室中培育出能製造藥品的植物，和含有維生素 A 的稻米，解決了人們普遍缺乏維生素 A 的問題。如今，我們仍繼續藉著操控基因來找尋新的醫療良方、抵禦傳染病、開發新能源以及永續糧食供給，不過操控的方法已改用全新技術，其中的潛力還有待詳加探索。

　　基因組學（Genomics）則是一門蒐集並整理全部的基因組訊息的學問，立基於遺傳學與分子生物學，關注的焦點是蛋白質與遺傳物質 —— 去氧核糖核酸（DNA）及核糖核酸（RNA）的作用。也可以說，基因組學的目的就是要將這些生命分子的構造及機制一一編目。就在十餘年前，科學家首次讀取出構成完整人體 DNA 序列的化學鹼基：腺嘌呤（A）、胞嘧啶（C）、胸腺嘧啶（T）、鳥嘌呤（G）。這區區四個鹼基的排列組合，組成了我們所有的遺傳物質，大約是由三十億個鹼基去組成兩萬個基因。若按照書本一般字

體大小將這四個字母寫下來，大概可以從倫敦一直排到里約熱內盧。現在，我們除了握有人類的基因組定序，還解開了細菌、病毒、黑猩猩、鴨嘴獸、衣笠草（*Paris japonica*）等四千多種生物的基因組。若以數量計的話，衣笠草是目前已知生物中基因組最大的，是人類基因組的五十倍。

不過基因組研究並不止是為了累積生物的編碼資訊目錄，以醫療應用為例，學者所期盼的研究走向大致如下：首先是明白基因組構造，同時蒐集相關基因組目錄，確認使基因正常運作的各種因素。接著必須弄清楚每個基因對應的生物特徵，分辨哪些基因片段是指令，哪些不是。而且也要研究那些非指令 DNA 片段究竟有何重要性，讓它們在漫長的演化過程中被保留下來。第三，從基因圖譜中探知疾病的生物機制，以解答一系列問題。例如我們的 DNA 如何抵抗某些疾病？碰上可能襲擊人體的微生物時，雙方的基因會如何交互影響？既然我們基因組有了更深一層的認識，該怎麼運用這些資訊來研發藥物，或是制定更有效益的健保政策？

直到最近二十年，科學家才有了判讀基因組的基本能力，慢慢讀懂這本「基因指令手冊」。我們還沒有找出人類基因組所有具有功能的環節（例如某些 DNA 只是用來維持基因組的穩定，確使基因組結構不出錯），而這正是未來基

因研究的重頭戲。人類基因組於二〇〇四年宣布完成定序後，不過兩年，市面上就推出了第一款全基因組檢測。二〇〇七至二〇一四年間，光是美國便有五十萬人購買家用基因檢測包。以全球網路與架上銷售量來看，整個市場方興未艾。二十年來，人們不但熟門熟路地探究起自己的基因，還越探越深，又是挖掘已有紀錄可循的基因資訊，又是打破原先基因匿名的安全屏障，後果各有利弊。

　　隨著遺傳科學的進步，真正的基因工程新時代才正要展開。一旦我們能解讀基因的編碼，掌握箇中條理，下一步就是自行編碼。未來人類將嘗試設計越來越複雜的基因，預估不出二十年就可以創造出不存在於大自然中的新型態生物，或是重現已經滅絕的物種。另一方面，雖然乍聽之下沒那麼重要，但是把生物基因編碼運用到生物學之外的領域，將有可能對我們的日常生活帶來同樣廣泛的影響。近四十億年來，人類細胞一直都是自動自發地分裂增殖，不停地因應環境的變遷，無須任何指示便能自主調節、多元發展。若能理解這其中的機制，駕馭 DNA 那一套自主學習、調適、增殖的模式（剛好是機械與人工智慧學不來的部分），使之與電腦運算接合，便可在兩方領域皆掀起翻天覆地的變革。

　　遺傳學和基因組學除了能讓我們更認識自己的身體以

及整個地球的環境，更賦予我們操控的能力，讓科技同時往個人化與大眾化發展。那麼，我們該如何利用利用這些與日俱增的基因組知識？以下列出幾項正在成形的新技術，看看它們將會為我們的時代帶來怎樣的基因革命。

偵測基因組

不久之前，分析 DNA 只能用專門實驗室裡的昂貴大型裝置，更別提要為整個基因組定序。二〇〇〇年首次發表的人類基因組草圖歷時十五個月的研究，花費三億美元才於完成。到了二〇〇六年，一份個人基因組序列初稿要價一千四百萬美元。又過了十年，價格降至約一千五百美元，而且兩天便可完成。現在，基因組定序已漸漸走出實驗室，甚至不需透過遺傳學者之手也可以得出結果。新型的基因定序儀不再是笨重的設備，小到可放進口袋，雖然還無法完整定位出全部的基因，但成果指日可待。學界目前開發出來的定序儀可研究有特定功能或特定成因的重要基因，例如偵測細菌的基因組數據，或是患者身上的病毒株。這對於公共衛生的推廣與防治有非常大的幫助。在西非，學者利用攜帶式定序儀辨識出病患身上一百四十八種伊波拉病毒基因組。未來，這

種方便好用的小型基因檢測儀器還要能在數小時內完成診斷，並引導醫護人員治療冠狀病毒、登革熱、伊波拉病毒、屈公熱病毒、茲卡病毒等傳染病。這樣的遺傳科技產物有朝一日會像手機一般普遍，成為眾人口袋中的必備品。

　　若將「規格」再縮小一點來看，人類已開始運用半導體來偵測 DNA。倫敦帝國學院（Imperial College London）的電子工程暨醫學教授克里斯・托馬佐（Chris Toumazou）最近開發出一款可插入隨身碟的晶片，只需要短短幾分鐘的時間，就能將基因訊息的分析結果顯示在電腦螢幕上。這項技術故意不將人類基因組中的三十億個化學鹼基通通列入考量，只聚焦其中個體間互有差異的百分之一，宛如判定人體的「生物 IP 位址」。隨身碟中的晶片會搜尋特定的基因變異，檢測人們患上特定疾病的機率，或是對某些藥物的代謝能力等。引用托馬佐的話：「醫療不再是查看患者的病史，而是查看患者未來患病的機率。」

自由編輯基因組

　　基因組定序固然可用於促進人體強健，事實上用途遠不限於此。近年來，更新、更巧妙的基因操控技術相繼脫穎

而出，讓原本只會出現在科幻小說中的前衛概念可望落實，而這都要感謝珍妮佛・杜娜（Jennifer Doudna）和伊曼紐・查本提爾（Emmanuelle Charpentier）兩位科學家的傑出研究。兩人最新發明的 CRISPR 堪稱目前最厲害的基因編輯技術，讓人們能夠更仔細地檢視特定基因的運作機能。這項技術可活化某一基因或使之停止運作，也能精準切除某一段 DNA，甚至銜接一段新的上去。理論上來說，按照這種方法可移除導致細胞病變的缺陷基因，以「健康」、正常運作的基因來取代。

　　除了修改基因之外，相關的新技術也因而得以實現。學者將可查明在基因組中，百分之九十八不會製造蛋白質的非編碼 DNA 究竟有何作用。多虧科學家找出能夠隨意「打開」或「關上」基因的方法，基因研究才能夠有如此長足的進展。如今更有人利用光線來控制基因組的變化部位和時機，以及可逆與否。此一做法和快速成長的光遺傳學（optogenetics）領域互有交集。光遺傳學是以光線管控細胞的活動時間與空間，學者藉此研究人類大腦細胞的活動，可望在二十年一窺帕金森氏症、癲癇、阿茲海默症、中風等多種神經退化病變的真正關鍵（目前這些病狀都欠缺有效療法）。此外，「CRISPR 藥片」也正在研發階段。服用藥片

等於把 DNA 序列吃下肚，該序列的指示可使具抗藥性的細菌自行毀滅。

目前已可見 CRISPR 相關技術被應用在醫療之外的領域，至關重要的如防範蜂群滅絕，無關緊要的如滿足顧客需求而推出各種顏色的小狗、迷你豬、錦鯉等寵物。在接下來的數十年內，這類技術還可以將細胞轉化為生質能源，或是培育能抵抗傳染病的家畜。有人計畫利用 CRISPR 技術培育新一代的「基改雞」，並非插入外來 DNA，而是更精準地「修飾」雞的基因。這類應用還可延伸出所謂「畜產製藥」（farmaceuticals），例如透過 CRISPR 基因轉殖的雞產下含有治療膽固醇藥物的雞蛋。

還有些人計畫讓已經滅絕的動物「起死回生」。已有研究者著手修改大象胚胎基因，要培育出形如長毛象的北極象。另有研究者修改鴿子胚胎基因，企圖重現十九世紀因人類狩獵而絕跡的旅鴿。

遺傳學與電腦運算的互相影響

既然我們能讀取 DNA，就不難看出這套生物編碼系統如何呼應電腦科學。近幾十年來，數位變革大大促進了基因

組學的革新，從而讓 DNA 與某些嶄新的電腦運算技術產生連結。毫無疑問地，DNA 的資料儲存型態比過往數十年來的任何一種儲存媒介都更長壽，不像軟碟與光碟會隨著時代被淘汰，只要人類本身跟讀取 DNA 的技術一起存在，資料就可以一直保存。

將資訊儲存於 DNA 的另一項好處是容量夠大，畢竟連人類基因組都能全部裝進寬度介於二至十微米的細胞核裡。以下我們稍做個比較，好讓讀者體會微米有多小：微米是一公尺的百萬分之一，就算是人類頭髮的寬度也有七十五微米。科學家已經成功將莎士比亞共一百五十四首十四行詩，以及金恩博士（Martin Luther King）的演說「我有一個夢」二十六秒語音剪輯檔存入 DNA 中，同時也能分毫不差地讀取出來。方法採用電子計算的二進位系統，只不過將數位資訊的 0 與 1 試著轉換成 DNA 鹼基 A、C、G、T 的四個字母，再予以排列組合。位元（0 或 1）是電腦訊息存取或操控的最小單位；以莎翁十四行詩全集來算的話，會有五百二十萬位元的資料被編進 DNA 中。

撇開資料儲存不提，DNA 運算本身的發展仍是十分令人著迷。起初，這項技術的研發是為了解決電腦科學研究者的難題。人們生活極度倚賴的個人電腦、平板電腦和智慧型

手機規格一代比一代小，相應零件的生產技術限制越來越多，而且所費不貲。繼續這樣縮小下去，很快就會到達極限了。英代爾（Intel）的工程師預測，最快在二〇一八年便會發生上述情況。不過有了DNA電腦，可以利用遺傳分子作為輸入單位，蛋白質等生物分子則充當處理器。傳統電腦以循序漸進的方式處理資訊，運算起來相當費時；DNA電腦可平行處理訊息，大大加快了速度。DNA電腦是將漂浮的DNA分子或RNA分子裝在試管裡，或是固定在鍍金的顯微鏡載玻片上，類似電路板的概念。問題以及解答的程式碼，都可以編寫進一組DNA分子，透過這種玻片來運算。

　　DNA電腦還能用於傳統電腦難以達到的地點與規模，例如細胞或人工合成的極薄材料，進而開發出可能的新用途，例如在細胞裡植入生物電腦，既可識別產生病變的組織、選擇執行自毀程序，或重新編寫細胞裡受損的DNA。舉例來說，將癌細胞重新編碼以免轉變成腫瘤，或者讓幹細胞成長為可移植的器官。實驗證實，生化電腦也能用於控制生物活性治療分子，包括某些藥物。

　　以上述概念所開發的DNA電腦，實際可行的應用範例，包括用來運算井字遊戲（和人類玩家對決）；有的能計算平方根；有的模擬自律神經系統，可做出類似於脊椎的反

射動作。然而截至目前為止，DNA電腦的演算能力和速度還是遠遠不及矽晶片電腦，的確是有點令人沮喪。

話說回來，DNA運算在生物學與生物醫學的應用上仍舊開啟了令人振奮的契機，並且將在往後數十年內創造出更新更好的DNA儀器，可做為生物感測器，用於診斷病症、製作奈米元件，或是控制細胞的生物機能並加以編碼。DNA運算還能大力推動「智能藥物」，這種藥物可感知並分析多種生理訊息，釋出相對應的藥性。除了提升人類的生活品質與福祉，將DNA與電腦交叉運算的結果，可能讓我們更進一步探究現知生物於大自然中登場的來龍去脈。

此外，過往僅供專業人士使用的大型電腦如今變成人人可得的攜帶型裝置，想必有助於在實驗室之外的地方推廣遺傳學。這類基因相關學問該由何人於何時何地運用，已經歷重大變遷，將來則會更加「大眾化」。

很快地，醫師與病患一個個都將採納基因技術變革發展出的個人化做法，因人制宜的醫療也已應用於眾多層面，小至劑量調整，大至研究白血病、愛滋病、直腸癌的最佳療程。沒有生病但關心自身健康發展的人，也可以使用基因檢測技術一探究竟，而且這種情形還頗為常見。現在不少人會從網路或實體商店購買基因檢測的服務，獲取關於自身

遺傳或祖先血統的資訊。生命科學研究員安德魯‧海賽爾（Andrew Hessel）在歐特克（Autodesk）軟體公司負責奈米粒子工程、DNA合成技術與人類基因組定序等計畫，他認為未來DNA定序的商業模式正在改變。目前已有基因檢測公司免費提供個人基因組定序服務，待分析結果出爐後再銷售其他相關醫療服務。還有公司會付費為合適的人選檢測，這些人可能擁有「很值錢」的生物特徵，篩檢他們的DNA會是一筆很划算的交易，說不定就這樣找到了人人想要的基因了。比如不會禿頭、頭髮不會花白、不需要很多睡眠、長相看起來永遠不顯老、極佳的視力或夜間視力，諸如此類。調查這些人的基因，也許就能進一步研究出新藥，能讓他人也能擁有上述特質。

　　重點是，要獲得基因資訊，當然得先遞交DNA樣本。也就是說，我們得把包含基因祕密的唾液吐進試管，郵遞至實驗室，等實驗人員判讀樣本後再利用網路通知結果。這聽起來沒什麼害處，若能得知自己有維京人血統，或是與埃及豔后有血緣關係，雖然不怎麼實用倒也挺有趣的。但是在此後十年內，科學家判讀基因資料的能力，將有可能提升至對人造成潛在風險的程度。基因不僅是一個人的獨特標誌，更隱含了一整個家族遺傳及精神障礙疾病等資訊，對隱私權影

響深遠。

倫敦大學學院（University College London）電腦安全與隱私專家艾米里亞諾‧狄‧克里斯多法洛（Emiliano de Cristofaro）指出，就連最近意在增進「大眾福祉」而設置的公共基因資料庫，也等於間接迫使病患與捐贈者放棄隱私。在他看來，移除基因標誌或隱藏基因所有人身分，這樣的基因匿名做法根本無效。最近就有一群人駭入了家譜基因網站，甚至憑著上頭有限的數據和零碎的基因訊息，循線查出了這些基因擁有者的身分。

克里斯多法洛更提醒一點，不斷進步的電腦運算能力會讓提供 DNA 數據變得更加不安全，基因組當中某些用途尚未明朗的環節也是潛藏的風險。當科學家逐漸解開基因定序的所有隱藏功能和祕密，有心人士或許會藉此技術危害特定基因的所有者。若說 DNA 資訊可用於製造武器，倒也並非天方夜譚。有學者便指出，只要明白攻擊對象的基因特徵，就足以設計出個人化的生化武器將對方殺死，完全不留蛛絲馬跡。在日常生活方面，克里斯多法洛的提問切中要點：「要是我們發覺某種基因變異和精神障礙有關呢？數據一旦給出去，就拿不回來了。基因數據的建立引來了前所未有的個人資訊安全危機，因為基因的靈敏度不會隨時間衰

退，而握有某人的基因資訊就能推知其血緣相關者的基因內情。若是電腦密碼洩漏了還能重設，對基因卻沒法來上這一招。」

如果人類的未來沒有走向反烏托邦（dystopia），科技發展將會延續上個十年定下的走勢，技術的大眾化有助於在城市裡推動社區實驗室，由未受過專業科學訓練的人來推動便於使用的低成本技術。如今，在實驗室之外，已有各行各業的人在從事與基因相關的工作，比如生產價廉的胰島素和改良糧食作物。同時，基因科學的進步也讓好些非關必要的發明有了推展餘地，像是把果醬的 DNA 序列轉為商品條碼，又或讓細菌能在黑暗中發光閃爍。

安德魯・海賽爾卻信人類的未來不只如此，生化技術將會進入每一個人的家中，一如電腦、網路及雲端技術。未來的住家將擁有使用更方便的生化科技裝置，例如可監控口腔微生物的牙刷。

遺傳學的發展有些已逐漸開花結果，有些卻還得一段時間才能落實，而且過程也許會出乎大多數人意料。按照海賽爾的話來看，我們能確定 DNA 相關技術會越來越精準、便宜，進展會越來越快，而且越來越重要。這類技術不僅能讓我們更了解自己，還能依照需求創造出不同的生物合成

物。「基因研究勢必會快速演進，和電腦的發展趨勢一樣，
擋都擋不了。未來人人都將用得上這項科技。」

第六章

合成生物學

亞當・盧德弗（Adam Rutherford）

　　一條領帶要價美金三百一十四元，大家應該都會覺得很貴吧？畢竟，這條領帶是以蜘蛛絲織成，聽起來也真是夠奇怪的了，但也說明了它的定價。蜘蛛絲是一種相當出色的材料，不同品種的蜘蛛在不同的情況下可以分泌出結構各異的絲蛋白，用來結網、包覆獵物或保護卵囊。每一種蜘蛛絲的強度、韌性和延展性，都非目前人類所能複製。若論耐重度，蜘蛛的曳絲 ① 比鋼鐵更強韌。位在蜘蛛腹部的絲疣有

---

① 編按：曳絲（drag silk）指的是蜘蛛爬行時拖在後面的一條絲線，可說是蜘蛛的保命繩索。

如一個構造複雜的內嵌式水龍頭，會依照所需蛛網類型重新排列絲蛋白分子，而噴出的蛛絲會從液態變成固態。

　　雖然人類非常想要採集蜘蛛絲，蜘蛛卻是出了名的難養。多數蜘蛛都沒有群居的習慣，往往還會同類相食，種種習性都不利於產業化養殖，要想收集足量的蛛絲纖維來製造產品實在困難。所以，前述蜘蛛絲領帶之所以昂貴的第二項理由：原料固然貨真價實，卻和蜘蛛吐絲八竿子打不著關係──這些絲線是利用酵母合成的。

　　歡迎進入稀奇古怪的合成生物學天地。「合成」搭上「生物學」，聽起來有點自相矛盾。既然生物學研究的對象是大自然生物，又怎麼會是人工合成的？這個令人費解的詞彙所代表的技術，將領導各項產業邁向未來。除了服裝業，醫學、農業、藥品、能源，以至探索宇宙的方式都將為之一變。蜘蛛絲領帶是外螺紋（Bolt Threads）生物科技公司的第一項商品，算得上是生技發展的一個里程碑，卻無法震撼商業市場。他們只做出了十五條這樣的藍色領帶，雖然特別卻也十分昂貴。然而讓這家公司真正感興趣的，是如何避開棉花、羊毛、蠶絲等傳統紡織用料，在製造方法上另闢蹊徑。一萬多年來，人類一直在「設計」如何讓動植物產出原料，供己所用。然而養殖技術終須受限於有性生殖漫長又繁

瑣的過程，並且這樣的繁殖只能存在於同類物種之間。現在，有了合成生物科技，就可以將這些限制全擺到一旁，把位於演化樹不同分支上，甚至相隔億萬年的物種兩相結合，比如蜘蛛與酵母。合成生物學者的工作就是提取出生物的原始碼，將其重新設計成效率更高的生物工廠。

我們可以將 DNA 看作是大自然的原始碼，而蛛絲蛋白則在幾億年前被編入蜘蛛獨有的基因裡。大概幾十年前，人類漸漸能又快又精準地萃取基因、描述其特性，並開始思索如何將基因植回生物體內（有時植入相同物種，有時植入完全不同的物種）。研究人員可能會保持基因完好，以觀察其表現；或是予以修改，甚至蓄意破壞，來觀察這些部分受損的基因會發生什麼事，藉此測試它們的能耐。這就是所謂的基因工程。這項技術之所以能成真，在於所有生物的基本組成單位都是一樣的。地球上所有生物都來自同一棵家族樹，其樹狀圖有如一張無限延伸的大網，按照達爾文的自然選擇理論，這棵樹已經蓬勃發展四十億年了。我們這麼比喻吧，DNA 的語言是由四個「字母」排列組合而成，這些字母組成有意義的「詞彙」，編寫出基因，再轉譯成二十二種胺基酸；這些胺基酸互相鏈結，形成了蛋白質。蛋白質是構成生命體的主要成分，而每一種蛋白質都是這樣被製造出來的。

　　基因工程於一九七〇年代中期登場，那時科學家明白了一件事，如果處理方式正確，細胞就不會在意這個 DNA 出自哪裡，只要能夠順利讀取即可。換言之，蜘蛛獨家用來生成絲蛋白的基因，可以編寫入全然不同物種的 DNA 裡。

　　剛好在這之前幾年，披頭四樂團（The Beatles）發明了「音樂取樣」（sampling）。據說在錄製〈為了凱特先生的利益〉（Being for the Benefit of Mr Kite）② 一曲時，喬治‧馬丁（George Martin）和保羅‧麥卡尼（Paul McCartney）將錄有維多利亞時期馬戲團氣笛風琴樂聲的磁帶剪成一截一截，然後拋向空中，待落地後隨興拾起幾截加進自己的編曲中。這些音符經過節奏調整和升降調後，順利地與主曲融為一體。到了現在，音樂取樣已變成流行歌曲中常見的編曲手法，尤其是嘻哈音樂，並且成為史上最賺錢的音樂模式。

　　一九七三年，由生物化學家保羅‧伯格（Paul Berg）帶領的史丹佛研究團隊，成功將某病毒的基因移轉至另一病毒。此等生物取樣可視為現代生物學的濫觴，也是生物科技的基礎。如今生物學研究無不仰賴取樣技術，例如如何識別

---

② 收錄於一九六七年發行的《派柏中士的寂寞芳心俱樂部》（Sgt. Pepper's Lonely Hearts Club Band）專輯。

致病的出錯基因，以及破解人類基因密碼的人類基因組計畫
（Human Genome Project, HGP），都需要將人類基因植入
細菌中，藉此操控、歸納並更加理解該基因的特徵。我專攻
的研究項目 —— 發育遺傳學（developmental genetics）——
同樣有賴取樣技術，將某生物的基因植入另一種較容易觀
察其反應的生物。我們會將人類基因注入細菌，操弄一下
DNA，再插入老鼠基因。從一九八〇年代至今，生物基因
轉殖已逐漸成為常態。

　　從二十世紀跨入二十一世紀，遺傳學、基因工程和分
子生物學也從嬰兒進入兒童期。想當初，人類基因組計畫不
斷有新的發現和進展，相關領域的學者，包括我，都感到振
奮不已。但現在回頭看，我們的研究又慢又沒效率，每次做
實驗前都得先想出怎麼操控 DNA；好比每次取樣音樂時，
都得從頭把錄有氣笛風琴聲的帶子剪成碎片。在當年想要
「混搭」基因，完全沒有慣例可循。

　　所有新技術的發明都得走過這一遭，不斷地實驗，試
圖理出個頭緒，然後去蕪存菁，廣加複製與傳播，讓人人都
能使用。新科技很快就會變得簡單又普遍。現在連小孩都會
編曲混音，甚至用智慧手機就做得到。我打這篇文章所使用
的科技，在五十年前根本無從想像。當我敲擊鍵盤，電子便

沿著電線、電路、邏輯閘、電晶體，抵達發光的二體。這箇中奧祕我鐵定是弄不明白，但這就是將零件規格化和商品化的好處。我不必每次要用電腦就得自己發明二極體，只要買一個和別的零件組在一起就行，而這些零件也會如同我所預期的那般正常運作。也因為這樣，才促進了電子產品的蓬勃發展。

現在電子零件越做越小，要設計越來越複雜的電路系統也簡單得多。人類的生活幾乎不能沒有這些電子產品，而幾乎每一個人也都習慣了這樣的生活。

創立合成生物學的先驅的確意識到了這一點。在美國史丹佛大學及麻省理工學院，電機工程師與數學家將基因視為可供編寫及覆寫的電子迴路，遺傳學者卻花了大半時間在重新發明他們的電路板。如果基因工程的各個環節能像電子零件那樣規格化，在將生物轉變為「生物工廠」的研究就能進步飛快。

於二〇〇六年成立的生物積木基金會（BioBricks Foundation）創立了一個開放的 DNA 標準環節資料庫。這類經細緻修改的環節能相互拼組，就像樂高方塊一樣。「拼組」可不是一種比喻：萃取出的基因及基因開關組成一條條 DNA 鏈，兩端皆經模組化，以便按正確的生物定向連接起

來。當研究所需，就可以從資料庫調出各種基因環節，附著於小張試紙上運送至世界各地。要是添加溶劑，DNA 便會漂移，如積木般與下一個環節結合。就是這樣一個簡單的動作，成就了現代科學史上難以想像的基因工程。

那些厲害的科幻小說家善於預測未來科技，卻誰也沒料見合成生物學能有如此進展。四十億年來，生物演化在錯誤中反覆摸索、嘗試，為建立生命形態提供了意想不到的資源。我指的，當然是各式各樣、無窮無盡的基因，被大環境的變遷磨練至完善，才能在生物宿主體內一代代地傳承下去。透過合成生物學，人類建立了一套系統，截取這些戰勝演化的基因重新組合，並非為了延長基因宿主的生命，而是為了達成我們自己的目的。

合成生物學有多種類型。有些研究者不僅為特定目的而重新編寫基因碼，更以這些「字母」重新編寫出自然界沒有的 DNA「語言」。其他學者則著眼於將 DNA 作資訊儲存之用，反正 DNA 對生物的作用說到底就是保存訊息。就這一點來說，基因即是資訊，DNA 則是極其穩定的數據格式。哪怕生物死了幾十年或億萬年，我們還是能取出其基因。再說，以 DNA 作為儲存媒介，絕對不會有無法研讀其中資料的一天。回看數位硬體的演進，數據的儲存規格每幾年就

會汰舊換新，而非幾十年。誰還記得五英吋軟碟？誰還在用錄影帶？在世界各地已經展開許多研究計畫，將影像、莎翁十四行詩、書本內容，或是其他數位資料編碼進 DNA 中。DNA 是現知密度最大的數據儲存媒介，勝過藍光光碟幾千幾萬倍。但目前若把 DNA 當數位記憶體，無論讀或寫的速度都很慢，只適合長期存檔。未來電腦說不定會具備 DNA 格式的硬碟，到時就方便多了。

今時今日，合成生物學已走過第一個十年，除了種種不同凡響的構思，更具備空前的潛力，準備讓未來面貌一新。概念也好，技術也好，合成生物學所涉範疇之廣，教人驚奇。驅使這門科學不斷發展的最主要動力，則是為了製造出至今無人且無從生產的產品。

到目前為止，治療有史以來致死病因之冠，是合成生物學掀起的一波高潮。每年全球罹患瘧疾的人數介於二至五億，死亡人數高達四十萬，多半是未滿十五歲的孩子。瘧疾彷彿人類歷史上揮之不去的鬼影，對人類性命的威脅非一般傳染病所能比。多年來，各種療法都只能紓解一時的疫情，然而未加管制、過度使用的結果，使得瘧原蟲（*Plasmodium*）對特定用藥產生了抗藥性與免疫力。青蒿素萃取自中藥黃花蒿，它是目前公認最有效的治療瘧疾藥物。

但就和傳統農業一樣，黃花蒿的培植也受到景氣興衰影響，市價大起大落。就在本世紀初，舊金山一家生技公司阿米瑞斯（Amyris）在研究酵母合成柴油的過程中，發現了青蒿素的前趨物青蒿酸。於是研究團隊提取出製造該物質的基因，以便在酵母細胞中大量生產，新闢製藥源頭。比爾‧蓋茲伉儷基金會（Bill and Melinda Gates Foundation）挹注了好幾百萬美元，認定這項研究大有可為，能使青蒿素擺脫傳統產業的限制，更廣泛用於瘧疾治療。製藥公司賽諾菲（Sanofi）也獲得了許可，準備大量將瘧疾用藥商品化。

生物與生俱來的機制出奇地靈敏，例如人類的視網膜就有能力偵測到光線中的單一光子。從合成生物學發展之初，便有學者研究將細胞作為生物辨識元件，也就是接收訊息或刺激的感測器。如今，重新編碼過的細胞被用來檢測環境中無所不在的訊息，例如超商的包裝肉品有沒有變質，或體內是否有石化汙染物質或病原體。

此外，合成生物學的領地並不限於地球。美國太空總署（NASA）對重新編碼的 DNA 很感興趣，投入大量人力物力發展衍生技術。因為細胞小之又小，重量趨近於無，而探索宇宙最龐大的支出就是來自重量。要讓區區一公斤的物體突破引力束縛、飛入太空，得花費三萬美元。要把人類送

上別的星球，必須克服兩項難題。首先是人類並未演化到能在地球大氣層的保護之外生存，包圍太空船的宇宙射線與太陽閃焰，其輻射量比一般人一輩子接收到的量還多。根據往返火星的模擬任務，太空人返航後會罹患不孕症、白內障，而且有衍生癌症腫瘤之虞。對抗致命輻射線的最佳方法是用厚重金屬做護盾，但是造價也令人咋舌。NASA 埃姆斯研究中心（Ames Research Center）的人員一直在思考如何應用合成生物技術抵禦輻射線，並且拿細菌來做實驗。當 DNA 受到輻射損害，正常的細胞會自動分泌細胞激素來修復損傷，加強免疫力。所以，要是能合成自動分泌細胞激素的細菌，就可以抵禦輻射線的傷害了。

NASA 推動合成生物技術的第二項原因是，當太空人抵達其他星球，就會需要氧氣、食物和安全的住所。在多項殖民發展計畫中，科學家運用標準化的生物元件（BioBricks）製造細胞迴路，來生成氧氣、食物，甚至磚塊。這些細胞迴路會分泌帶黏性的分子，植入模仿火星風化層的沙土後，將凝固成磚塊。這項技術需要一整個試管的細胞、一點水和火星上的沙子，而其中只有一種原料需要從地球帶過去。

合成生物學領域朝氣勃勃，只要想像力別畫地自限，誰都可以打造基因迴路。但是長期下來，真正能落實的美好

設計太少。理想中的迴路到了活生生的細胞裡，表現未必合乎預期。如同研發中的電子產品，按設計原本該出現清晰的數位輸出，卻常被系統雜訊抵銷。生物感測器也好，藥物或燃料也罷，有太多的輸出都受到阻撓。NASA 的太空人保護研究要派上用場，還得等幾十年。阿米瑞斯研究的潔淨生質柴油終究難以量產，無法滿足商業需求。至於青蒿素，早有傳聞要大規模上市，但終究只聞樓梯響。在黑市倒是可以見到不少青蒿素產品流竄，然而使用者並未遵照世界衛生組織指導原則 ③，已經引起了小規模青蒿素抗藥現象。

　　儘管如此，合成生物技術的前景並非幻象。的確有段時期常可聽聞天花亂墜的討論與報導，一如許多新興科技產業，合成生物技術並未跟上人們的期待。但我相信，那段天花亂墜的時期已經過去了，緊接而來的是更沉著、務實的計畫。科學家致力於存取技術與生物原件的標準化，過不了多久，就能推出實際可用的產品來解決世界各地實實在在的問題。研究者將 DNA 重新設計成軟體，更確切地說是「濕體」（wetware）。而在編碼 DNA 外，濕體工程師正在著手修理

---

③ 編按：世界衛生組織明確指出不要單獨使用青蒿素進行治，應與其他多種藥物配合施行聯合療法，以避免增加瘧原蟲的耐藥性。

即將上市商品的毛病。蜘蛛絲領帶只是個花招，用來展示將深深影響商品製造的一項技術。在科學的領域裡，往往得積沙成塔，才能迎接翻天覆地的革新。千百年來，我們透過培植、採集、提煉等方法取得原料，建造出我們生活的這個世界。不久，這些原料將可以透過活細胞生成，而基因迴路將由人類編碼，大自然一切基因將由人類混搭。

第七章

超人類主義

馬克‧沃克（Mark Walker）

　　超人類主義者相信，我們應當運用藥理學、基因工程學、仿生學（cybernetics）、奈米科技等先進技術，從根本強化人類的機能。換句話說，我們該努力創造出比現代人更進步的新型人類新種「後人類」比我們更幸福、更良善、更聰明，而且壽命以百年計 ── 超人類主義者心中期望並致力開創的未來正是如此。

人類幸福的根本躍進

　　我們都曉得幸福很重要，也十分明白何以有些人會為

了幸福而放棄名聲、權力與財富，又或者父母為何常說只要
孩子過得幸福快樂就好。

　　既然超人類主義者全心全意要讓生活更美好，也難怪
他們會提倡以科學和科技使人類的幸福從根本躍進。

　　如今我們知道，使人感到幸福（此處「幸福」的定義是
指正向情緒及對人生整體的發展感到滿足）的遺傳因素，幾
乎與決定身高的遺傳因素同等重要。當然，我們必須仔細斟
酌何謂幸福的遺傳因素。「基因」與「命運」是兩回事。大
部分人的人格特質是在基因與環境因素交互影響之下而形成
的，話說回來，在我們認識的人之中，就是有些人比其他人
更笑口常開、更容易感到滿足。他們踏出的每一個步伐都充
滿活力，遭遇重大挫折時也能很快就恢復精神。這些快樂的
人擁有讓個性更樂觀開朗的「幸福基因」，科學家也已經識
別出此基因在染色體上的位置。生物學研究越來越成熟，想
藉由基因工程使後世子孫比今日一般人更幸福，不再是不可
能。至少，我們現在的技術已經可以開始「製造」更幸福的
下一代。培養試管嬰兒時，在實驗室受精的胚胎會先經過基
因檢測再植入母體，除了檢查有無導致疾病的遺傳標記，有
時也會辨別胎兒性別。按理說，研究人員應該有辦法檢驗並
截取出讓人先天容易感到幸福的遺傳標記。

　　然而我們無須等待基因工程和基因篩選技術，來讓幸福成為常態。就算未經基因改造，我們也能大感幸福。我建議將可以加深幸福感的藥劑製成「幸福丸」，來幫助我們這些生來未贏得「幸福基因」頭彩的大部分人。有別於煩寧、快樂丸一類成癮性藥物或毒品，幸福丸能讓人自然而然感覺快樂，不至於損傷認知機能。假若能得到社會輿論的支持，幸福丸的提案很有希望於十年內實現。雖然在這十年裡，每年投入於研發的支出將高達十億美元，相較於全球經濟規模不過滄海一粟，而且往後的效果與收益也將極為可觀。屆時人人都能踏出快樂又自信的步伐，而且接下來的連鎖效應更是不可思議。快樂的人往往更擅長與人交往，是更出色的朋友、伴侶，能取得更優異的學業成績，在同事與老闆心目中的評價也更高。

人類善良的根本躍進

　　我們自小就受長輩諄諄教誨，不要爭吵打架，不可以說謊，待人要和氣，要懂得分享。在成長過程中，我們努力讓自己的所做所為更合乎這些美德。長大成人後，社會風氣的宣導通常也包含對於道德的要求，例如種族歧視不可取，

或是搖滾巨星應盡一己之力讓大眾關注社會弱勢。

　　有些超人類主義者以「善良基因」、「道德強化」為題，認為除了社會環境的教化，也該從生物層面努力提升人類的道德感，使內外相應。此主張本於兩項基本概念：道德關乎於人的行為與個性，而人的行為與個性皆受遺傳因素影響。

　　學者研究過諸多人類行為與人格特質，大多與基因和遺傳脫不了關係。我們可以很有信心地說，善良與美德也是如此。要說兩者與基因無關，才真教人跌破眼鏡。我們從其他物種身上也可以看出受基因影響的良善行為，例如母鼠會照顧幼鼠，而猴子有時也懂得「公平地」分享食物。

　　善良基因論的目的是讓後代擁有更多能增加「道德感」的基因，減少可能會助長惡行的基因。如同上一段所述「幸福感」的情況，不難想見科學家也可以透過基因工程、胚胎篩選或先進製藥技術，從生物學層面來改變人類的道德。然而對於遺傳決定論，我們同樣仍須持保留態度；懷有較多與善良有關的基因，不保證就會常常行善。上述手段充其量只能提高人們行善的可能性，畢竟「基因」與「命運」終究是兩回事。

延年益壽的根本躍進

人類自古以來都渴望能長命百歲，但直到現在，這個願望仍舊沒有太大的進展。在我撰寫本文時，世界長壽紀錄保持人是享壽一百一十二歲的法國女性珍‧考曼（Jeanne Calment, 1875-1997）。回首歷史，活了超過百年的人寥寥可數，可見醫學在拓展人類壽命極限這件事上成效不彰。不過近代醫學發展成功降低了嬰兒的死亡率，也因此大大提高了人類的平均壽限。

為了突破生理上的限制，研究人員企圖從生物科學方面著手，讓人類（或者說「後人類」）就算活不上幾千年，也能活個幾百年。其中一個方法，和我家鄰居讓他那輛老卡車持續運轉的做法沒有兩樣 —— 換掉磨損的零件就行了。一般車輛大約八年就得汰舊換新，鄰居的卡車開了五個八年，依舊無懈可擊。理論上，只要能以幹細胞技術修補或替換老舊細胞及組織，要讓人體無止盡運作下去並非異想天開。目前已有科學家進行實驗，利用病患自身的幹細胞培育出新器官來取代舊器官，例如用試管培養出來的新膀胱取代功能衰退的舊膀胱。有些臨床實驗的結果甚至不必移除整個器官，而是以幹細胞來修補心臟病發期間受損的心臟肌肉。

　　人們想要逆轉年齡、遠離死亡，但其中牽扯到的因素又多又複雜，讓這項工作變得難上加難。致力於讓人們更長壽的消弭老化工程策略基金會（Strategies for Engineered Negligible Senescence, SENS）現已識別出七項老化成因 —— 細胞萎縮、癌細胞、粒線體變異、細胞抗死機制、細胞外基質降解、細胞外基質聚合、細胞內基質聚合 —— 每一項所需的生物醫學或基因工程解決方案各不相同。然而醫學一天比一天進步，現已有若干出色技術可延長動物生命，將來或許真能從根本延長人類的天年。近來有學者研究出一種可以移除衰老細胞的「自毀機制」，光是這樣就讓實驗室裡的老鼠壽命多出百分之二十五。老鼠不只活得更久，也更健康，更少罹患老化相關疾病。

　　到目前為止，以上所述技術仍無助於治療重創。被三樓掉下的鋼琴砸到頭，沒有一種幹細胞技術可以救得活。但超人類主義者認為，這些難關在二十一世紀結束前都有機會克服。他們想到的技術，其實就是「備份」，鉅細靡遺地掃描大腦，然後利用這些數據重建腦部。另一派研究者提議以奈米機器人紀錄大腦的分子結構，一旦身負重傷，就能啟動奈米機器人來救命，比如修復遭鋼琴砸傷的腦部，或是按照存檔藍圖創建新的大腦。

　　另一種可能的方法是將大腦內所有資訊上傳系統平台，等於將心智由人類「濕體」（大腦）轉移至電腦硬體。這將會引發一連串棘手的形上學爭議：移轉之後，活下來的真是原本那個人嗎？又或者只是個複製品？對此，超人類主義者（及哲學家）立場分歧。我站在贊成的一方，我認為人有能力在這樣的心智轉移過程中存活下來。事實上，我甚至認為人可以分割出多種版本的自我。要是我們能順利從生物平台轉移到系統平台，就沒道理不能將自己上傳至多個電腦。透過這種方式，人便能長生不死，或者至少接近永生。

人類智能的根本躍進

　　眾所皆知，大腦的尺寸關係到智商的高低。（事實上對許多物種來說，體重也得考慮在內，這一點目前暫不討論。）即使人類與黑猩猩在基因上有百分之九十六至百分之九十八重疊，人腦卻比黑猩猩的腦部大將近三倍。人類的基因數目約兩萬左右，也就是說讓人與黑猩猩有所不同的基因數少於一千，或許僅有區區四百。我們可試著利用現有的遺傳學技術來創造後人類物種，使其腦部體積為現今人腦的二至三倍。至於名稱，就叫「大頭人」（*Homo* bigheadus）。就技術層面而言，這項挑戰其實相當簡單。同源基因（homeobox genes）之中有一種是專門控制人體各部位的大小，所以只要在受精卵成長期間加強控制腦部同源基因的表現，理論上就有機會產生腦部更大的人種；將各種同源基因排列組合，就能增進大腦特定部位的發育，比如關係到高等認知機能的新皮質。所以，打算提高智商的話，合理來說應是針對控制新皮質區的同源基因下工夫，提升該區生長。

　　然而「可以」這麼做不代表我們「應該」這麼做。即使能讓腦袋變大，我們也無法確定上述實驗會造出比人類更聰明的後人類。當然，我們也沒理由認定實驗絕對會失敗。科學家之所以不斷地做實驗，就是為了找出答案。然而對照近年來以植物為對象的基因實驗，多數成果不彰。這些實驗如果搞砸了，植物還能拿來做堆肥，要是實驗對象是人類受精卵與胎兒，該怎麼處理？如同前述，我們有科學、有技術，循線實驗下去可望逐步打造出「大頭人」。所幸大部分學者並沒有打算為了實現理想，置生命安全與倫理道德於不顧。如此充滿爭議性的研究需要社會大眾謹慎討論、思量，以免「後人類實驗」最後落得和「優生學」一樣聲名掃地。

　　想加強智力與認知能力，還有比較不戲劇化的方法。據

研究，現約有三分之一的大學生服用莫待芬寧（modafinil）或阿得拉（adderall）等「聰明藥」來提高學習表現和學業成績。另有一些才剛開始執行的人腦對接電腦介面開發計畫，打算將人類心智「賽博格化」①。此外，以細胞新生技術創造大量新生腦細胞，可能也可以增加成人的大腦容量 ②。從阿茲海默症的相關實驗可得知，胎兒的神經組織可與成人的神經組織相互整合並順利運作。此技術大有可期，或者能夠許「大頭人」一個不一樣的未來。科學家可以持續增加受試對象的新生腦細胞（同時增加顱骨大小），一窺有無機會從根本提升人類的智能。

贊成超人類主義的理由

在思索超人類主義時，我們應該關注此論點在道德上是否可取，而非成真的機率有多少。對於新品種人類的未來，從道德的角度來看，本篇文章想討論的是未來「應當」

---

① 編按：賽博格（cyborg）又稱電子人或生化人，是與電子機械結合的有機體，目的是想透過人工科技來強化生物的能力。
② 最新研究顯示，成人的大腦很可能不會再生成新的腦細胞（神經元）。

如何，而非「將會」如何。

　　超人類主義者主張從根本增強人類的能力有其道德上的價值，但這不表示他們認為每個人 —— 尤其是反對超人類主義者 —— 都必須這麼做。比如考取大學文憑是一個很有價值的目標，卻不代表人人都一定要上大學；強迫一個人就讀大學，不但有違個人的自由意志，效果通常也適得其反。超人類主義者相信，即使我們認為某事對某（成年）人有益，也不該強迫他們去做。

　　這種「反家長式領導」（anti-paternalism）③作風，意味著超人類主義者贊同人人皆有「身體的自由」。當今社會在某種程度上已能認同個人生理自由，例如透過眼睛雷射手術或隆乳等整形手術來改善機能或改變生理構造。而超人類主義者主張，透過基因工程強化人類的根本，應同樣視作生理自由的一部分。生理自由確實與現代多數自由國家所認可的思想自由緊密相關，在智力或幸福的根本增益上設限，便是限制人的意識，例如使人的幸福感減少，思考也受限。

　　超人類主義者常沿著「同屬無罪」（companions in

---

③　編按：家長式領導（paternalism）是以個人或群體的好處為由，去限制個人或群體的自由與自主權，也就是現在家長常說的「管你是為你好」。

innocence）思路來類比生物面向的根本提升與文明進益。比方說，人類在幾千年前才發展出有效率的書寫型態，藉文字作品儲存資訊；當人類發明了人腦之外的儲存空間，也大幅提升了人類的智力與回顧訊息的能力。我們通常會認為這等文化進展好處多多，以此類推，生物面向的根本提升與進展也是同樣的道理。

多數超人類主義者的立論點著重於特定能力強化的正面意義：增添幸福感的權利（或義務），關係到世人對於幸福的普遍追求；提振良善美德的權利（或義務），讓我們相信可以改善生活，讓世界變得更美好；提升智力是為了探索宇宙的真相，找到人類在宇宙中的位置；最後，延年益壽則是想要擁有更豐富充實的人生。

反對超人類主義的理由

直到一九九〇年代末期，反對超人類主義者的理由幾乎全是因為此論難以實現，而非人們是否應當這麼做。所謂從根本強化人類的能力，被評為是科幻小說的情節，經常只有接受冷嘲熱諷的份。一九九六年，第一個人工複製出來的哺乳類動物「桃莉羊」問世，社會輿論才逐漸開始轉向。反

超人類主義者不情願地承認，現代科技的確有可能創造出新型人類，於是轉而質疑類似技術在道德上的正當性。

　　曾任白宮生物倫理顧問委員會主席的里昂・凱斯（Leon Kass）認為，超人類主義是種自毀根基的傲慢心態。照他的說法，人類的努力與犧牲，和心中最深沉的渴望與目標密不可分。超人類主義一出，想達到這些目標便無關人為努力，而是該如何倚重科技。一五二一年，麥哲倫（幾乎）航行世界一圈，他的毅力與成就令人欽佩。到了今日，買張機票就能走遍麥哲倫當年走過的地方，但搭飛機旅行完全稱不上人類精神的勝利。話說回來，凱斯的主張是否有說服力，還得看聽者是否相信，人類一旦提高生理機能便找不到挑戰自我的新目標。

　　美國政治經濟學者法蘭西斯・福山（Francis Fukuyama）擔心超人類主義將摧毀現代政治的平等基礎；他認為人類擁有共通的天性，而正是此「共通性」奠定了政治的穩定性與合理性。福山有一道詰問很出名：「一旦我們有能力培育出身揹馬鞍的人類以及腳踩帶刺馬靴的人類，政治將會如何發展？」有人這麼回答：「就算我們有能力創造出『身揹馬鞍』的僕役，也沒有理由認定我們就會這麼做或應該這麼做。」的確，歷史上有太多人類剝削和奴役他人的例子，才會讓我

們擔心這樣的事情再度發生。但根據超人類主義者的論點，透過善良基因增加道德感可望避免而非延續這種傾向。

紐西蘭哲學家尼可拉斯・亞加（Nicholas Agar）則是從哲學的角度，細密地批判超人類主義。假設先進技術增強了寵物小狗蔻蔻的認知能力，讓她的腦部變得和人腦一樣大，甚至擁有能夠理解語言的神經結構。歷經生理上的改造後，除了舌頭和喉嚨的構造能發言發聲，前爪的腳趾也能執行細膩的動作，讓靈巧的蔻蔻能夠敲鍵盤、穿針線。在語言、認知、行為等功能逐步發展下，蔻蔻開始就讀地方小學，不久後甚至進了高中和大學。原本的日常生活對她來說變得毫無意義，在街區散步、嗅聞燈柱不再讓她感到興奮期待，她也開始質疑為什麼只有主人不在家時才能溜上床睡覺。亞加認為，與其說這是「強化」了蔻蔻的能力，不如說是「消滅」更貼切。現在的蔻蔻關心、相信、渴望的事情和以前幾乎都不一樣了，變化之大，原本的「蔻蔻」已不復存在。而這個例子要說明的是，超人類主義不是強化了人類，而是將人類導向消失一途。此一論調讓我想起亞里斯多德所說的：「要是希望朋友享有美好的人生，就不該祝他成為神。」這樣的願望會改變人的本性，讓朋友這個「人」走向終結。亞加所說的也是類似的道理：超人類主義並未回應人類關懷與渴求

的事物，反道創造了非人的慾念。

　　不少人把批評焦點擺在從根本增強能力的提案上。增添幸福感被說成類似英國作家赫胥黎（Aldous Huxley）的《美麗新世界》（*Brave New World*），將真實幸福一筆勾消。提振良善美德之所以挨批，在於這麼一來會使人喪失自主或自由意志。至於反對智力提升的理由，則是擔心會創造出「天才惡棍」。超人類主義者反駁起各項指責倒是振振有詞。我們可以把其中一套說詞想成是「同屬無罪」式的回應。有些人生來就是比一般人快樂、良善、聰明，這是出生時就中了基因「大獎」的緣故，然而誰都不覺得這樣的人的幸福是假的，或是缺少自由意志，或是會變成天才惡棍。所以，假定強化基因會導致禍害，就是一種推論失誤。假設未來有兩個人，他們擁有優良的基因素質，而且活得比大多數人更快樂。其中一人的基因經過調整，另一人則是出生時就中了基因頭彩，若沒有指名，誰也不曉得孰為前者，孰為後者。因此，在超人類主義者看來，說兩人之中有一人的快樂不是真實的快樂，在道德評判上未免流於武斷；他們並不覺得與生俱來的幸福與後天經由人工方式賦予的幸福，有何道德上的差別。

文化考量

超人類主義所衍生的討論關乎人類未來，重大又深刻，我盼望讀者能理解何以該主義有資格成為二十一世紀最重要的議題。雖然單單一章的篇幅不足以論及所有可能受到超人類主義影響的範疇，甚至連簡述其概要都做不到，但且讓我在最後點出幾個討論方向。首先是超人類主義與宗教的關係。不少人會認為宗教必定持反對立場，但仍舊有不少積極推廣超人類主義與宗教契合的團體，例如成立已久的摩門教超人類主義者協會（Mormon Transhumanist Association）。此外，超人類主義與電腦、機器人等人造意識，或是超人類主義與藝術之間的關係，都很值得探討。本章僅粗略提及超人類主義與政治的關係，事實上，在好幾個國家都有贊同超人類主義的候選人出來角逐公職。

最後也最重要的是，人們在談論超人類主義時，皆未提及釀成全球災難的可能風險。超人類主義者不僅督促世人妥善使用先進技術，也同樣關心如何避免招致災禍。要知道，先進技術可用於行善，當然也能輕易被用來作惡。

線上未來

人工智慧，量子運算，網際網路

第八章

雲端技術與物聯網

娜歐蜜‧克萊莫（Naomi Climer）

在不久的未來，雲端技術與所謂「物聯網」（Internet of Things, IoT）的結合，將大大影響我們的日常生活。簡單來說，雲端運算讓人們得以享用各式共享資源，如檔案的儲存與處理，以及種種應用程式和服務。自家電腦不必擁有上述功能，只需透過穩定的連線便可自他處取得資源。更確切地說，只要能上得了雲端，你就可以隨時取用豐富的資源，得到的比你付出的多更多。一旦將資料上傳雲端，使用者就能同時享受雲端的機動性，可以在巴黎或開羅收取電子郵件，可以在芝加哥或東京出差時一面與總公司保持聯繫，工

作之餘還能在旅館收看網飛（Netflix）。雲端技術的發展，讓工作彈性、個人娛樂和生活型態隨之一變。

此外，雲端讓合作變得更容易。若能遠端存取數據或操作程式，要讓身處異地的人合作完成一件案子就不是空想。專業人士不必實際抵達現場，只要在「線上」會合，也能給予現場工作人員建議和協助，這對某些產業的發展十分重要。以傳播業為例，原本轉播奧運得將整隊人馬派至比賽現場，現在大部分的作業都可在電視台內完成，只需要派出幾位記者即可。這不只是讓每個人都連上線就好了，還需要輔助工具來讓人們在虛擬環境下齊力合作。你要是曾試過和十個人一起開電話會議，就曉得現場發言會有多混亂；然而只要搭配簡單的視訊工具，讓大家可以看到彼此舉手發言，就能恢復秩序。虛擬合作工具的品質與創意將成為未來雲端應用的關鍵推手。由此可以看出，今後人與人的關係將愈趨緊密，而雲端技術將人與人之間的距離拉得更近。

若說遍及全球的網際網路方便人們收集並交換資料，那麼物聯網就是讓汽車、恆溫裝置、冰箱一類的「物品」能做到同樣的事。世界互聯網統計機構（Internet World Stats）的數據顯示，二〇一六年全球網路用戶數在三十七億上下，而連上線的物品數量早就超過用戶數，預估到了二〇二一年

將達五百億左右。眼下已可見智慧型（物聯網）配戴裝置應用於追蹤配戴者的健康狀態，或是監控健康弱勢族群的心率、血糖等身體狀態。這類科技尚處於開發階段，卻已惹來不少爭議，如個人隱私與安全、社會衝擊、實際功效，但整體演變看上去已勢不可擋。

另一方面，雖然較不明顯，但各行各業也開始試水溫，測試物聯網的可行性，這對於國家及全球經濟將可能帶來無與倫比的效益。例如風力發電廠可以善用感測器搜集到的資訊來調整扇葉，充分利用風力；這就好比駕船時調整風帆以加速航行，而這麼做能將風能產量提高百分之二十五。工廠可將自家數據與供應商連線，按照生產時程自動訂購零件。在生產線上裝設感測器有助於預測問題，依照平日機器運轉的狀態調整維修日程，以確保在真正需要維修的時候讓技師派上用場。此外，博世（Bosch）、空中巴士（Airbus）等國際製造商會將資料與工廠共享，以利調動全球各地的專業人才。

物聯網的第二項特色是資料搜集的規模非比尋常。你可以在任何東西上頭裝設低成本、低耗能，且能彼此連線的感測器，用來即時搜集個人、環境或特定系統的資料，從遠端檢查水管滲漏的情況，或以眾包模式（crowdsource）利

用手機來追蹤流感疫情。

　　物聯網真正的挑戰，其實是如何將源頭不一的大量數據轉換成具有意義的「智慧」。人們將此一流程稱為DIKW 模型：從數據（Data）、資訊（Information）、知識（Knowledge）轉換為智慧（Wisdom）。以一瓶鮮奶為例，「數據」也許是一串數字，我們可以從中辨認出產品編號、保存期限等「資訊」；然後這項資訊帶來的「知識」告訴我們這是一瓶鮮奶，而且昨天就過了期；最後，我們歸結出的「智慧」就是該買一瓶新的鮮奶了！當然，以上舉例看似輕而易舉，可眼前若是一組龐大的相異數據，要套用 DIKW 模式得出智慧可是項艱難的大工程。我們得各方尋覓專業人才，設法將無止盡的數據轉為可用智慧，不僅要「問對問題」，還要能找出可依循的重要模式，於是以數據科學為中心的全新職業應運而生。

　　學者預測，不出幾十年，全世界多數人口將集中於城市。如此密集的人口所帶來的能源、教育、公共衛生與運輸等問題，將使人類社會與現實生活面臨大挑戰。研究人員正在嘗試打造「智慧城市」，在線上整合醫院、學校、運輸設施等系統，並發展新的程式和技術來改善生活品質。在英國（格拉斯哥、倫敦、布里斯托、彼得伯勒）和世界各地都有

許多智慧城市的成功實驗案例，涵蓋的範圍也很廣，包括在舊金山和倫敦尤斯頓車站遍設信號燈，為視障人士指路，或是在垃圾箱裝設感測器，用更「聰明」的方式回收廢棄物。現在有不少品牌推出智慧型垃圾箱，例如美國的 Bigbelly、芬蘭的 Enevo 和南韓的 Ecube Labs。這些垃圾桶不僅能偵測到垃圾已滿，還能預測垃圾何時會滿，進而擬定每日不同的收垃圾路線，看上去效率頗高，但要讓垃圾車司機信賴這套系統並調整作業習慣，似乎還需要一些時日。

這一點說明了未來物聯網及智慧技術發展的核心真相 —— 我們勢必得習慣這類技術融入我們的生活。物聯網的一大基本優勢，在於它能輕易地將看似無關的事物相互連結，創造出一個新的系統網絡。若能利用物聯網將交通、衛生、教育等體系串聯在一起，將可大幅提升服務的效益以及其影響力。然而箇中的難處，與其說關乎技術，不如說繫於實務。政府機關與私人產業一向沒有太多合作的經驗，想要物聯網順利運作，得靠雙方溝通與努力才行。目前，愛沙尼亞、以色列、紐西蘭、南韓、英國等五國政府協力發展數位經濟，秉持開放政府、開放標準及國際合作等原則，合力推動物聯網的相關議題。

雲端技術與物聯網的應用還包括虛擬實境（VR）與擴

增實境（AR），二者已見於電玩產業好一段時間，如今也逐漸出現在其他商業領域。建築師與房產仲介利用虛擬實境技術，將建築藍圖化為影像。船隻、飛機、鑽油平台的製造商在投入巨額人力物力之前，可先藉著虛擬影像一窺待造之物。有些工廠會運用擴增實境技術，透過技術人員的耳機和麥克風等頭戴式設備，一步步指點作業步驟。這兩項技術的發展還有好長一段路要走，但它們擁有的巨大潛力將會從教育、衛生、工作、休閒等面向改變人們的日常生活。

　　不要將眼界侷限在既有的成果，就能看見雲端及物聯網科技的無限可能性，並能幫助我們解決全球困局。

　　在醫療保健方面，可更廣泛使用現有的健康感測器，裝在人們身上來監控身心狀態的起伏，讓你我不論在白天晚上都能更有效率地管理自身健康。體壇明星很早就開始利用類似技術，讓身體隨時保持在最佳參賽狀態。金融服務業等高壓產業也嘗試借助類似科技，幫助員工管理身心壓力，適應瞬息萬變的工作環境。也許有朝一日，每個人都能時時接收並控制自己的健康實況，甚至透過這些感測設備指示冰箱何時該添購水果蔬菜，或是在感冒時通知中央空調提高室溫；要是發燒到一個程度便主動聯絡醫師，進而預測隔日是否因病無法上班，提早重新安排原定的工作會議。

　　除此之外，醫療人員的遠端診斷與照護能力也將大幅改善，這樣一來就能盡量延長老年人在家安養的日子。外骨骼、義肢等輔助裝置也能從中得益，物聯網技術可依照佩戴者的體能來調整裝置的管控機制。點觸仿生科技公司（Touch Bionics）已製造出一款可用智慧型手機程式操控的i-limb 智慧義肢，看來以後人類將可以透過平板電腦操控全身各部位。

　　分析物聯網產生的大量數據，從中尋覓新模式，將可能為人類生活帶來巨大的轉變。舉例來說，史丹佛大學研究團隊將病症分門別類執行大數據演算，根據它們改變基因作用的機制，用適當的藥物去阻擋這些致病訊息傳遞給基因。演算結果顯示，現有的多種藥物對非標的疾患同樣具有療效。有鑑於研發新藥花錢又費時，這項發現有機會加速醫藥研究的進展，不過在推廣前還是得先比對臨床實驗數據。歐美製藥協會已開始推動數據共享，我們可以期待將來有更多類似的重大突破。

　　未來醫療體系將會朝向「個人化」發展。研究者運用大數據來謀求人類福祉，醫生透過電腦將可分析與患者有關的一切資訊，包括生活型態（社群網站、履歷、運動嗜好、品酒會員資格等）、基因檢測、每次接受治療的方法和結果，

以及相關疾患的全球研究報告。當然,這將牽扯到重大隱私議題(留待文章後段討論),其醫療成效的提升也同樣令人注目。

　　其實,根據現有的雲端與物聯網技術,應該早就有辦法實現全球教育普及的理想。按理來說,無論身處何地,只要有機會學習所需新知,隨時準備好投身這個不斷改變的經濟社會,一定是好處多於壞處。然而這個理想之所以未能落實,主要受限於基本網路連線的普及率 —— 並非所有人都有快速方便的網路和電腦設備可用。聯合國與世界經濟論壇(World Economic Forum, WEF)屢屢將此議題搬上檯面,Facebook、微軟(Microsoft)、Google 等科技巨頭和各界名流、慈善家也在努力尋求解決之道。

　　在雲端與物聯網這片天地裡,受數據驅動的虛擬萬物徹底相連、因人制宜,而且效率極高。此類技術將能夠提升人們的生活品質,使眾多弱勢群體受惠,還可降低能源消耗與糧食浪費,提高生產效率,依特定需求改善醫療體驗。

　　然而要想美夢成真,還有許多挑戰在等著我們。以下我將針對安全、涵蓋率、能源及社會這四方面提出個人想法,讓大家都能來思考一下這些問題。

　　首先要面對的是一連串的隱私及安全問題,尤其是與

我們息息相關的個資安全。要讓物聯網發揮功效，就必須分享所有資訊。越是有所保留，物聯網裝置就越難完善運作。當然，這是個人的選擇，但是我們有立場要求堅實的防線與保障，我們每個人也都應該時時心懷警惕。現有不少人擔心政府和 Apple、Facebook、Google 一類大型科技公司有能力取得數量龐大的個人數據。這些數據雖說是用於提升個人化服務，卻也教人懷疑會遭到濫用。要知道，個人化服務和個人監視僅只一線之隔！健康醫療數據可作為調漲保險費的依據；生活型態數據可用來檢查報稅金額是否準確；個人資料若未妥善保護，很有可能會被人盜用身分。大型科技公司每天接觸數十億民眾，所收集到的個人數據讓他們的影響力越來越龐大。這樣的力量可以為善，也可能被用於剝削或不正當的操縱手段。如今各國政府與消費者團體都在努力解決這項難題。

　　個人也好，公司也罷，只要是連上網路的裝置都有可能遭駭客入侵。駭客有辦法從你的水壺進而控制你的整個房子？政府有辦法從一個正在連線的機器進而掌控整座電廠？以上兩個答案都是肯定的。二〇一〇年的震網病毒（Stuxnet）是早期知名的網路駭客攻擊事件之一。此病毒專門入侵伊朗核子離心機上可透過程式操作的邏輯控制器，

使離心機撕裂；遭毀的離心機據報達總數的五分之一。二〇一五年，一起網路攻擊事件讓烏克蘭八萬用戶的供電一時中斷。這兩起事件間接證實了今後網際網路將不再平靜，物聯網及雲端科技則有可能成為敵國的武器。

同樣是在二〇一五年，有一群駭客表演了如何駭入車上娛樂系統，進而控制一輛在高速公路上疾駛的吉普車。經過這次「善意」的駭客事件之後，汽車工業可得再加把勁，防止有連網功能的車輛不會再遭駭入。網路攻擊已成為實實在在的威脅，影響所及，不論是連上網的汽車、住家，或是用水、供電等國家基礎設施，乃至於舉足輕重的公司企業都不能倖免。政治評論家認為，網路攻擊將成為未來戰爭的型態之一，網路安全也將成為此後數十年的焦點話題。

相較之下，網路涵蓋率的問題就顯得平和許多。不管是使用光纖、無線網路或行動網路，要使用物聯網技術顯然要先能連線上網。這在都市通常不成問題，但到了偏遠地區就沒人敢打包票。自動汽車、遠端手術、遠端檢測（比方本章前段所舉的修水管例子），這些新技術全少不了網路連線。為了解決這個問題，世界各地都在進行相關的通訊開發和建設工程。第五代行動通訊系統（5G）極有可能成為這一波通訊革新的關鍵：要達到 5G 技術規格，必然得將網路

涵蓋範圍擴及全球，且要能應付同時上網的眾多裝置。我們幾乎可以肯定，唯有整合電信、光纖、無線網路和衛星等服務，各家廠商齊心協力，才有辦法使網路涵蓋率無遠弗屆，並有足夠的頻寬讓用戶實際感受到網路的方便。要創造一個更密相連的未來，個人、團體、公司、政府都必須加倍團結。設計電子產品時，要考慮到傳輸功能的通用性；規劃電信服務時，別忘了顧及運輸、保健、娛樂、農業等產業需求。若能讓人樂於分享數據，那麼每個人就能享有更豐富完備的可用資訊。

要順利拓展網路涵蓋率，勢必得擴增基礎建設，以應付激增的數據流量。根據思科系統公司（CISCO）估計，到了二〇二〇年，網路流量將成長至現今的十倍。至於是否有辦法壓低相對應的能源消耗，各方觀點不一。英國《獨立報》（Independent）指出，二〇一六年，網路數據中心消耗了全球約百分之三的能源；該報導同時預測此後十年間消耗能量將上翻三倍。可以想見，越來越多人使用物聯網裝置收集、儲存和處理數據。但這不是耗能增加的最大原因，畢竟感測器一年所產生的流量也才幾百 MB，而影片傳輸一小時的流量則高達 1GB，儲存與處理影片的耗能同樣十分可觀。影片傳輸已成為現下網路流量的最大消耗來源，生活娛樂、

醫療保健及各項商業或工業用途的影片只會越來越多，不容小覷。這將是今後重要的能源議題。許多數據中心已在努力提升能量轉換的效率，除了節約能源，這麼做也符合經濟效益。Facebook、Google、Apple 等網路巨頭皆全力推動使用再生能源，或是將數據中心蓋在氣候較寒冷的地區以降低冷卻成本，並且從系統架構與操作程序等執行面來考率能量消耗的問題。甚至有人預測，將來也許得制定影片流量的配額或課稅，以控制能源的無謂消耗。

　　最後一項爭議關係到整個社會，某些問題早先已有人提出來討論，例如，當萬事萬物都自動化、智慧化，人類還能做什麼？還有什麼工作是人類可以做的嗎？當世事變遷如此之快，我們在學校該學些什麼？

　　「人類未來的工作」可延伸的議題又多又複雜，足以另闢一個章節來探討。關於未來職業的型態，未來教育該如何做出相應的改變，如何使社會更重視不同職業型態的價值（例如醫療照護），倒是已有不少人在討論。在芬蘭、納米比亞、美國和加拿大等國家，已有不少由政府發起的社會實驗，以觀察全民基本收入 ① 或縮短工時將會為社會帶來什麼樣的衝擊。這幾百年來不斷有人預言，未來人類將沒有工作可做。事實上科技創造的工作永遠比取代的多，只是這個

趨勢能否持續下去，此刻要下結論還言之過早。

物聯網還可以開創「共享經濟」，讓「所有權」不再那麼重要。現在已經很少人購買 CD 或 DVD 珍藏，而是付費取得音樂或電影服務。要說人們將來連汽車、廚房，甚至寵物都共享，也不是沒有可能。在南韓，年輕人開始「共享客廳」。由於公寓狹小，多數年輕人又與父母同住，像這樣按鐘點出租的社交空間讓他們可以像在家一樣輕鬆自在地聚會。既然人們越來越常外食，家中的廚房似乎也可以省了。新建的公寓大樓可以考慮在每一層增設多個共享廚房，而非一間公寓配置一間廚房。如果共享汽車成了常態，現在加州新蓋的許多公寓停車場便可改作健身房、電影院公共設施等。忙碌的紐約客現在可以租一隻小狗到公園遛遛，或是租一隻小貓來抓抓老鼠。對於沒時間養貓養狗的人來說，按鐘點計費的寵物租借服務會是很吸引人的選擇。共享經濟為製造業的未來打上了問號。照理說，如果大家都以分享取代購買，製造業的生產需求便會下降。隨著共享服務越來越多，

---

① 編按：全民基本收入（universal basic income）又稱為無條件基本收入（unconditional basic income），指不論工作、收入、財產等條件，每個國民（或成員）皆可領取由政府（或團體組織）定期配給可滿足基本生活條件的金錢。

人們對消費產品的胃口也許真的會越變越小。

　　儘管眼前還有重重難題尚待克服，但從整體看來，雲端與物聯網技術將成為推動社會革新的重要助力，這一點是毫無疑問的。我們需要更多的創意與發明，並從中找出可行方案，提升生活品質，提高產業效能，解決全球面臨的重大議題，讓地球變得更美好。我相信這一切都能透過雲端與物聯網科技來達成，只等我們著手去實現。

第九章

網路安全

艾倫・伍華德（Alan Woodward）

　　網際網路的發明目的和傳說中不一樣，並不是為了抵禦核子戰爭。網路的原型出自美國國防部尖端研究計畫署（Advanced Research Projects Agency, ARPA），故又稱「阿帕網」（ARPANet），最初是為了讓研究人員自由分享資源而創建的。後來，提姆・伯納斯李（Tim Berners-Lee）發明了可用於建立網頁的超文本標記語言（Hypertext Mark-up Language, HTML），而後發展成今天大家所使用的「全球資訊網」（World Wide Web, WWW）。到了一九九〇年代中期，網際網路開始染上商業色彩，一切也隨之改變。人們

很快就了解到，如果要將個人財務資訊流通於這個新建立的公開系統上，就非得設法維護其安全性與隱密性不可。很不巧，「網路空間」最初的設立目的是為了分享而非保密，其系統想當然也不是為了安全而設計的。網路犯罪勢必隨著線上的金錢流動而起，網路安全這門學問於是應運而生。

既然維護網路安全的責任越來越重要，家裡有電腦的人應該對於基本的防範措施都不陌生（至少我希望是如此）。除了電腦要安裝防毒軟體，使用者也得養成良好的密碼使用習慣。隨著網路犯罪手法日益高明，網路使用者不得不花更多時間來加強防禦措施，謹惕自己不要受騙上當。然而這一點正是麻煩所在。就連最理性、最講究邏輯的人都難免流露出人性弱點，遭罪犯乘虛而入。在網路七大罪（無感、好奇、輕信、無償、貪婪、自疑、輕率）中，「無感」是最危險的，因為自以為永遠不會碰上網路犯罪的人，就鐵定會發生在他身上。像這樣問題不出在電腦而是使用者，讓電腦科學家懷疑人們是否有辦法跳脫這個惡性循環。

這時尖端研究計畫署再度登場，他們發起了一場競賽 ①，看是否有人能建立一個以人工智慧主導的網路防禦系統，將人為因素完全屏除在外。首屆決賽於二〇一六年在拉斯維加斯舉行 —— 世界各地的駭客會定期在此聚會，在

「黑帽」（Black Hat）② 和「世界駭客大賽」（Def Con）
上交流想法和最新資訊。

參賽者在初賽必須以各自打造的自動防禦系統分析若
干電腦程式，查出程式會否在輸入特定資料後崩潰。接下來
真正的考驗是修改程式，使類似攻擊再無用武之地。

最後贏得比賽的隊伍將可以在網路攻防奪棋賽（Capture
The Flag, CTF）上，用自己設計的自動防禦系統與人類對手
一較高下。結果呢？嗯，每套系統都不是這麼完美，在某些
環節上表現得很好，在其他環節則差強人意。然而有一點倒
是引起了大家的注意，那就是「機器學習」的能力。如果說
電腦有什麼事情做得特別好，那一定是「學習」。取得的數
據越多，電腦辨認模式的能力就會變得越來越好（比如找出
有可能遭駭客利用的漏洞）。這也難怪有越來越多研究團隊
轉而著眼於用「機器學習」來維繫網路安全。

---

① 編按：網路攻防挑戰賽（Cyber Grand Challenge, CGC）於二〇一四年發起，
比賽為期兩年，決賽於二〇一六年舉行，優勝隊伍除了有獎金，還可以在世
界駭客大賽上參加網路攻防奪棋賽。

② 編按：在資安產業中，黑帽駭客是指犯罪分子，白帽是受僱於企業組織
來測試系統安全的道德駭客。而一年一度的「黑帽簡報」（Black Hat
Briefings）則是有許多資安專家參與的產業安全大會。

　　在這場競賽中，人工智慧系統的模式識別能力並不比人類厲害多少。但這也不要緊，畢竟只是第一次嘗試。整場競賽好比拋磚引玉，我們可以從中發現到一件事，那就是在不久的未來，人工智慧很可能成為未來網路安全的基礎。比賽進行的同時，在同一個會場上，另一間公司發表了據稱是史上頭一套具備「認知」能力的防毒系統，名為「深層護甲」（DeepArmor）。

　　「深層護甲」雖然只負責排除病毒攻擊，然而網路安全的這塊領域正是我們最需要人工智慧幫忙的地方。電腦病毒變體層出不窮，人類（或是有人類插手的任何步驟）根本應付不來。現在每天都會出現將近一百萬種新的網路威脅，其中固然有很多是現有病毒的變體，但仍須一一加以識別，並且讓防毒軟體曉得如何阻止。事實上，這只會讓情況變得更糟。罪犯察覺到科技能夠幫忙規避防毒軟體，於是開發出像生物病毒那般可自行改變型態的電腦病毒，只要區區幾次感染就會變化到讓人無從辨識，就算取得了已啟動的病毒碼樣本也來不及了。有鑑於此，深層護甲系統的研究人員發表了一款模仿人體免疫系統的防毒軟體，稱作「數位抗原」（Antigena），名字算是取得相當貼切。

　　這意味著人們對於網路安全的思維將會從根本發生改

變，並且大大影響未來網路防禦機制的模式。網路安全的第一階段重在設立防線。不論是家用電腦或醫院的病歷紀錄，這些電子系統就像城堡一樣，以厚實的壁壘來抵擋病毒入侵或其他型態的攻擊。然而網路發展至今，人人參與其中，「拒敵於門外」的防禦原則早已不合時宜。我們實際上更想要將堡壘開放，但又不能讓重要的皇冠珠寶遭竊。換言之，我們一方面得允許匿名的訪客登入，同時也要能夠揭穿可疑的不速之客。

　　最近一項新的網路安全技術變革便採用多層次防護，訪客可通過護城河和外牆入內遊覽，甚至還能讓不同的團體進入不同的內牆區域參觀，只須確保將皇冠珠寶收藏於「保險箱」（亦即最後一道網路安全措施）即可。

　　試驗結果證明，機器十分善於觀察行為模式，並將種種行為與有礙網安的後果互相連結比對。事實上，機器觀察到的行為越多，越能揪出可疑行為；搜集到的數據越多，對於結果的預測就越準確。這樣看來，未來網路安全似乎可以全權交由電腦來負責。但若真要人類袖手旁觀，完全依賴人工智慧，必然會產生不少值得思索的有趣問題，特別是我們得先教導人工智慧一套知識。如何教導人工智慧以人類利益為先？相關的學問也應運而生。

　　關於網路安全自動化，首先必須提防網路成為人工智慧善惡交戰的電子戰場。正如人體內每天都有難以察覺的細菌大戰，我們可能也得學著適應生活中不斷發生的電子免疫系統攻防戰。當人體受到感染，我們就得服用抗生素來治療；但要是病毒的威力突破最後的防禦，患者幾乎必死無疑。我們不得不接受，在某些情況下要為電腦系統「解毒」確實窒礙難行，只能摧毀原系統，以未受感染的軟體另加重建。例如，當電腦遭勒索病毒感染，除非你願意支付「贖金」，不然根本毫無選擇。在網路安全攻防戰存活下來的關鍵，當然是將電腦中真正要緊的檔案備分，但這個動作就必須由人類來篩選並執行。

　　人工智慧帶來的第二項疑慮，在於該讓它掌控我們的行為到什麼程度。我們該聽從人工智慧的指令嗎？你可能認為，答案顯然是否定的。可惜，這時候網路七大罪就會跳出來從中作梗。假設某人造訪一處網站，而人工智慧發覺其中有鬼，亮出警示要人止步，這人多半會覺得不過是按個按鈕，因而無視警告。根據研究，人們經常忽視警訊，原因可能出於好奇、無感，或單純不樂意服從禁令。無論理由為何，要是執意瀏覽網頁，電腦通常都會中毒。從這角度想，好像應該給人工智慧絕對的控制權才對。

　　另有研究指出，人工智慧發出的警告多到人類乾脆置
之不理的程度。這現象還有個名稱，叫做「網路安全疲乏」
（security fatigue）。為了避免這種情況發生，未來人工智
慧必須要能判斷何種威脅最為重大，警告次數應以多少次為
宜，又該在什麼時機點給予警告。但基本上，人工智慧只會
決定「是」或「否」，無法做出如此複雜的判斷。判斷是人
類才有的本事。

　　上文所述內容衍生的另一個提問是：該由誰來決定人工
智慧如何運作？舉例來說，人工智慧的運作規則可以用來審
查我到訪過的網站嗎？歸根究柢，癥結在於怎樣才算是「有
害」的事物。網路安全的發展在於盡力保全使用者，避免那
些未接觸過數位世界險惡的人觸及過於偏激的資訊，或誤入
危險網站。如果說人工智慧將來也會保護人們不被自身好奇
心所害，那麼該由誰來劃定界線？或是任憑人工智慧「學
習」何者有害，再依此決斷？許多人將後者視為惡夢，因
為，就算沒有獨裁者或「保護」過度的政府訂下人民無法苟
同的規範，人工智慧仍有可能舉一反三地將網路上的絕大部
分資訊定為有害，而「有害」是一個非常籠統的形容詞。

　　在此後十年內，我們必須有所抉擇，是要讓人工智慧
成為網路世界的保鑣，還是照舊倚賴目前的網路安全措施。

要做出抉擇並不容易，而且需要大眾積極參與討論，由我們來替我們自己決定。話說回來，如果人類不想要讓人工智慧來維持秩序，現行安全措施的效果又日日遞減，還有第三條路可選嗎？答案可能是有的。

假設人類打算在網路安全措施中插一腳，那麼遇上人類無從直接涉入的情況該怎麼辦？如果數量與日俱增的智慧型裝置在無人干預的情況下，透過物聯網互傳訊息，又該怎麼辦？以後冰箱、水壺、烤麵包機都會連上網路，提供更便利的服務。雖然駭客未必有興趣攻擊你的烤麵包機，卻有可能把它變成「殭屍網路」中的傀儡裝置，發起分散式「阻斷服務」（distributed denial of service, DDoS）攻擊，灌入大量無用數據使攻擊目標的網路系統不堪負荷，無法正常存取。未來物聯網的規模將大到令人瞠目結舌，互相連通的裝置會比現在增加好幾百萬。駭客可以利用這些物聯網裝置的備用容量來為非作歹，而政府有可能被這些家電用品逼得俯首稱臣。這局面實在有些荒謬可笑，卻非完全不可能發生。

想尋找第三條出路，我們可以回歸基本，從建構網路的基礎技術開始。我們有可能修改基礎技術，讓使用者不論是從何處上網都能清楚地辨識出身分，這樣彼此都能明白接觸的對象是誰。如果你收到一封電子郵件，你可以確認它是

否真的來自上頭署名的寄件者。若某個網站散布惡意軟體，也能輕鬆追蹤並阻絕。要是有人刺探或蓄意攻擊你的電腦系統，你可以查出對方的確切身分及所在位置。然而上述的前提是所有人都改用一九九○年代面世的網路通訊協定第六版（Internet Protocol version 6, IPv6）。你的電腦或許就是使用這個版本，但整體來說，推廣成績教人失望。大多數人似乎覺得用原本的第四版（IPv4）就夠了，並不在乎該版存有安全方面的問題。

要改用 IPv6 無須採購新電腦，但需要滿足以下兩項條件，才能確保版本的安全性：一，所有人都採用此版協定；二，所有人都願意具備數位身分。但問題就在於並非所有人都樂意在網上曝光身分。人們習慣在網路上自在漫遊，享受以匿名的方式瀏覽大小網站，不受現實生活常規所限。有些人更主動使用「洋蔥路由器」（The Onion Router, Tor）一類的軟體來保護網路匿名狀態，這些軟體甚至可以把 IPv4 的網路位址也隱藏起來。

洋蔥路由器原是美國海軍為保護情資而開發的軟體，後來之所以惡名昭彰，是因為它還可以讓伺服器匿名，無論是使用者的行蹤、位置和身分都無法被追蹤。這種隱藏服務（Tor hidden services）所構成的網路又稱為「暗網」（Dark

Web）。暗網之上包羅萬有，從毒品到製造大規模殺傷力武器的零件都買得到。現在，暗網和具匿名性質的新型虛擬貨幣兩相結合，例如著名的比特幣（Bitcoin）。這些「加密貨幣」相當於線上現金，無法追蹤又方便流通。歐洲刑警組織的調查資料顯示，有百分之四十的罪犯資金流通就是透過加密電子貨幣。

　　各國執法單位付出十二萬分努力，想辦法揭發暗網上的不法行徑。有法必有破，當一項技術被發明，就一定能找得出破解的新技術，具匿名性質的技術也不例外。然而這就好比無止盡的軍備競賽，執法單位一旦掌握了使暗網罪犯現形的機制，犯罪技術便會隨之進化，見招拆招；即使發現了技術上的根本破綻，遞補的新技術立刻接踵而至。例如洋蔥路由器多少需要有人自願充當節點，讓來來去去的使用者免於曝光。執法單位發現這一點後也設置起節點，起碼讓他們在暗網上的行動占些優勢，便於窺探網上動靜。但是相關技術很快就被更新，以防止警方的「爛洋蔥」削弱用戶的匿名狀態。甚至出現了利用「點對點」（peer-to-peer, P2P）傳輸的全新暗網，打著「隱形網路」的旗號捲土重來。有別於廣為人知的洋蔥路由器，此點對點架構遍及整個網際網路，從而消彌於背景雜訊中。

　　前述加密電子貨幣也有相同情形。此類數位貨幣採取「區塊鏈」（blockchain）技術，一切交易公開，既無從偽造、違約，卻又完全匿名。執法單位的典型偵查技巧是「追蹤金錢流向」，然而這類加密貨幣在設計上會讓錢流變得難以追蹤（當然包括大名鼎鼎的比特幣）。目前執法單位使用的新技術有機會辨明金錢去向，但就和洋蔥路由器的情況一樣，一旦警方有辦法判定比特幣用戶身分，罪犯就會改用新型的虛擬貨幣，使新的辦案技術無用武之地。零幣（Zerocoin）等新興加密貨幣就是專門用來打擊警方所開發出來的技術。

　　那麼，假設 IPv6 及其附加安全價值變成了網路的預設基礎好了，說不定仍會有守法的網路使用者希望保持匿名，就像那些罪犯一樣。洋蔥路由器等匿名技術依然會繼續存在（儘管需要稍加調整），這樣一來就算全面改用 IPv6 似乎也沒什麼意義。儘管 IPv6 的推廣並未如想像得順利，仍舊阻擋不了推廣者的熱情。總有一天 IPv6 會被大家所接受，到時網際網路也許會變成雙層架構，一層是留給樂於被辨識和被追蹤的使用者，另一層則是給希望立足於辨識系統之外的使用者。某些國家的人民無法選擇自己要待在哪一層，但在能夠自由選擇的國家，這層網路就如同一座高牆環繞的花

園，待在花園內的使用者不必害怕種種操作會引來攻擊；要是認為這座花園無異於鍍金的牢籠，使用者也可自由離去，投身圍牆外那片好比蠻荒西部的網路空間。選擇權就在每個人手上。只不過主動選擇離開花園庇護的人，可能再難獲准返回高牆內。好比原本居住在無菌室的人離開之後想再回來，必須經過一連串嚴格檢查，以免帶進不好的東西。

在駭客眼中，這些漫遊於花園內的網路使用者是令人垂涎的攻擊目標。而他們勢必會找到辦法潛入安全區，對這些毫無戒心的肥羊下手。如今我們都很熟悉駭客如何利用使用者的人際關係來耍花招，比如用熟悉的郵件位址或個人資訊騙我們點取連結網址。假如我們毫無戒心或防備，這種小手段將會造成極大的傷害。在高牆花園內，駭客想要耍花招沒這麼容易，但他終有一天會得手。

物聯網裝置也是這座網路高牆的一部分，但也很可能成為整體防護的罩門。看看那些成功的銀行搶匪，沒有一個人會從正門闖進銀行，多半是從下水道偷偷潛入。等有人發現金庫被搬空了，他們早已不見蹤影。在網路上，沒有一處是保證絕對安全的。這座花園遠比現下所知的網路空間安全，問題在於，你想待在高牆的哪一邊？

學者建議，未來的網路空間會需要兩種維持和平的方

式。在安全區內仍須有警察維持秩序，哪怕僅止於平息商業
糾紛。這比較像是熟悉鄰里的警察定期巡邏，有必要時才會
介入，在未引起注意的情況下排難解紛。在安全區外的維安
人員則像是老西部的保安官，專門搜尋及遏止網路犯罪。這
種功能專一的警察早已存在於其他領域。舉例來說，隨著鐵
路運輸問世和普及，新型犯罪也隨之出現，英國當局於是設
置了交通警察；發生了恐怖分子挾持民航機的事件後，現在
各地的機場都可見到航空警察，以防歹徒傷人。由於網路串
連全球、不分國界，我們甚至有機會在網路安全區外看到聯
合國的數位維安藍盔 ③。到最後，問題的關鍵在於由誰來
賦予網路警察權力。

　　未來，無論身處網路安全區內外，應適用何種法律才
是大哉問。各國立法通常以國境為界，但網路犯罪分子可不
會就此止步。從某一國家寄上百萬封網路釣魚郵件詐騙他國
人士，遭到追捕的風險比持散彈槍搶劫銀行要小得多，更不
用說被起訴了。網路犯罪的報酬通常是投入金額的十倍，風
險又有限，投資報酬率可說是極高。這也難怪網路犯罪會成

---

③ 編按：此指聯合國新成立的數位和平部隊（Digital Blue Helmets, DBH）；
　聯合國維持和平部隊的成員都會戴著藍色頭盔，因此常被稱作藍盔部隊。

為當今犯罪類型的大宗，但是我們仍然欠缺獨立的網路執法機構。

要解決這個難題，我們可以如管控電信與飛航那般試著商議國際協定，只是網路空間的情形更為複雜。全球花了數十年才取得共識，決定飛航與通訊在什麼情況下適用於什麼法律。至於要想弭平網路犯罪，前提是每個國家都將特定行徑視為犯罪。然而事實現況並非如此。以書籍、音樂和電影的著作權為例，多國政府都同意比照創作者母國的法律來保護他們的權利。但某些國家，尤其是前蘇聯、東歐和亞洲數國，不願意執行或遵守著作權法規，讓他們成為盜版品的傳播大本營。

也許網際網際最終會走向一種情況，在法所不及的部分虛擬空間中，由網路警察來代表法律，甚至由自命為網路警察的人來維持法律與秩序。這並非新鮮事，但起碼政府執法人員當下是一視同仁。如果他們踰舉過界，便與一般人同罪。而我們從歷史學到的教訓是，在無法無天的環境下靠個人意願維繫律法，可能會得不償失。

在我們眼前的是意味深長的兩難處境：是要讓非黑即白的人工智慧來維護網路秩序，還是要仰賴有可能判斷失準的人類充當網錄警察？未來的網路安全並沒有輕鬆容易的選

項，唯一可以確定的是，在法律無暇顧及的地方，罪犯就
會見縫插針。我們必須選擇是要自己照顧自己，或是將我
們的安全交由某人或某物來保護。要選電影《當地球停止
轉動》（*The Day the Earth Stood Still*）裡的維安機器人哥特
（Gort），還是選西部執法者懷特‧厄普（Wyatt Earp）？
你自己決定。

第十章

人工智慧

瑪格瑞特・波登 (Margaret A. Boden)

　　我們無法準確預測人工智慧 (artificial intelligence, AI) 將發展到何種地步,不過要斷定人工智慧不可能往哪些方向發展卻很簡單 —— 它絕不會躲在石頭底下不讓人發現,它將會無所不在,教人無處遁逃。

　　人工智慧早就滲透了我們的日常生活,既是搜尋引擎技術與應用軟體的核心,又可見於全球衛星定位系統、電腦遊戲、好萊塢動畫、銀行體系、保險公司、醫療院所。當然,智慧型手錶和無人汽車都少不了人工智慧。

　　未來,人工智慧還會進入法院、老人安養中心,甚至

婚姻諮詢處。火星探測機器人與無數在倉庫工作的機器人使用同樣的技術，物聯網科技會將觀測人類活動、位置、健康狀況的配戴式電子裝置，與住家、辦公室、街道、餐廳的一系列設備互相連結。到時候局面不是像小說描寫的一樣，有個 AI 老大哥在監視著你，倒比較像有億萬個 AI 小老弟彼此聊個沒完。

　　上述發展很快就會成真，其實有大部分已經開始進行了。數不勝數的類似實例將會在幾十年內改變人類的生活型態，除了深受工業化社會倚重，開發中國家也會深受影響；就算住在偏遠地區的人們與現代醫院距離甚遠，仍可獲得人工智慧提供的相關建議。

　　近來，研究人員積極讓電腦系統透過大數據分析出各種模式，使得以上所述有機會落實。所謂「大數據」，即是可資分析人類行為模式與趨勢的大量快取資訊，而這項「深度學習」（deep learning）技術在四分之一個世紀前便形於理論，但受限於電腦運算能力而難以執行。現在電腦的運算能力與儲存空間均大幅提升，每秒可進行一千萬億次計算，將蘊含億萬數據的龐大資料庫化為學習寶庫。

　　這類機器學習技術能從龐然資料裡找出大大小小模式，包括當下城市街道上每輛車的位置和速度，以及各處交

通號誌的狀態；或是每間區域性和全國性醫院所存病歷，詳載每位患者的症狀、用藥劑量和服藥結果。

這種人工智慧系統並非依傳統的「按部就班」方法來執行程式，而是模仿人類大腦的神經網絡，將訊息一層輸入一層，每一層都有數以千計的神經元互相連結傳訊，直到「沉澱」出數據中可見的穩定模式。這些模式通常很新鮮、出乎預料，甚至是連研究人員想都沒有想過的。

Google 旗下的深智（DeepMind）人工智慧研發公司利用該技術開發了一套圍棋軟體，並且在二〇一六年打敗圍棋世界冠軍。此等壯舉猶勝一九九七年贏得西洋棋世界冠軍的 IBM 超級電腦「深藍」（Deep Blue）。縱然棋局再精彩，終究止於方寸棋盤，沒有實際的用途。然而各國政府與資源雄厚的科技公司早已開始發展並使用深度學習技術，隨著成本降低、用途更廣泛，屆時這項技術將會滲透並擴散至社會各個領域。

也許你會想：「今日用於圍棋，明日就能用於任何領域。」只可惜事與願違，雖然現今電腦系統的學習能力極強，但研究人員尚未摸清其中關竅。用行話來形容，這一套套系統有如「黑箱」（black box）作業，可以測量輸出與輸入，卻摸不清內部結構和工作程序。無法全盤理解運作機

制，當然也就無從可靠地預測進展。研究人員十分清楚問題所在，也投入了大量心力與預算，只是沒有人曉得這些「黑箱」什麼時候會，或者是否會發展至灰色的中間地帶（介於黑箱與白箱之間），讓我們能夠掌握其中的運作模式。說不定，一切到頭來僅止於空談。

　　因此，在談論未來種種時得相當謹慎。有些事情遠不如大眾所以為的那般容易。「人工通用智慧」（artificial general intelligence, AGI）即是一例。在一九五〇年代，大多數人工智慧先驅念茲在茲的便是 AGI，包括更早之前的圖靈（Alan Turing）也心繫於此。他們希望能讓人工智慧在應用層面與彈性上比美人類智慧。要讓單一獨立運作的系統有能力解決各種疑難雜症，此系統必定極為複雜，且必須具備語言、視力、聽力、學習能力與創造力，融會貫通。如果要用來操控機器人，還要再加上運動行為的能力。換句話說，學者企盼的這套系統和我們現在所熟悉的、有專門用途的應用程式大不相同。

　　研究者當初對 AGI 抱以厚望，甚至將一九五九年發明的一項 AGI 程式取名為「解題高手」（General Problem Solver）。原則上，只要能將難題轉化為層次分明的主目標與次目標，都能透過 AGI 來解決。但以主副架構來描述問

題是程式設計師的工作，也是執行起來最難的部分。

AGI 曾經順利解出「傳教士與食人族」的問題：有三個傳教士與三個食人族欲搭小船渡河，然而小船僅能容納兩人；在渡河的過程中，兩岸和船上的傳教士人數皆不得少於食人族，不然傳教士就會被吃掉，要如何才能讓所有人都安全渡河？題目中有個陷阱，並非輕輕鬆鬆就可以解開的（讀者不妨拿硬幣替代雙方人數，動手解解看）。這道題目在當時被作為測試人工智慧的標準，怪不得在機器解出答案後，科學家欣喜若狂。

研究人員大費周章，想強化並拓展這類似系統的應用範疇，卻力有未逮。到了一九七〇年代末，多數研究者將目標的範圍縮小，比如開發出能夠診斷特定病症或開立藥物的「專家系統」。要讓系統精準運作，必須先輸入大量的事實知識（例如大量的醫療診斷書），因此該研究領域流傳著一句座右銘：「將全世界的知識納入人工智慧。」

如今「專家系統」已不再是新穎的流行詞彙。人們使用成千上萬個專家系統來執行複雜和瑣碎的任務，包括石油探勘、機器翻譯、臉部辨識，或是搜尋附近的印度餐廳。二十一世紀的人工智慧研究多數都和這類系統有關，但並非全部。AGI 再度成為值得研究的標的（例如接下來要談的

LIDA 機器意識架構），不過以圖靈的定義來看，目前的人工智慧系統都還稱不上「通用」。

「華森」的支持者大概會反駁我的話，他們會說 AGI 已經可以獨當一面了。「華森」（Watson）是 IBM 開發的另一台超級電腦，二〇一一年，「他」還在益智搶答節目「刻不容緩」（Jeopardy）擊敗了兩名人類對手。該節目並非直截了當地發問，而是讓參賽者由線索反推出答案。例如，他們不會問你「法國的首都是哪座城市」，而是「遭飯店女繼承人占用的某國首都名稱」①。想答出題目，就得橫向思考，或者舉一反三。

華森在節目中連連答對，該程式的設計者有十足的理由感到自豪。然而華森的「思考」方式與人類大相逕庭，例如在回答某道題目時，程式正確地從存在電腦內的大量資訊搜尋出答案是該名運動選手的腿，卻未能看出「缺少一條腿」才是關鍵所在②。後來程式設計師在系統中標示了「缺少」一詞的重要，以免重蹈覆轍。同樣的題目由人類來回

---

① 譯按：該題目取希爾頓飯店集團繼承人芭里絲・希爾頓（Paris Hilton）的名字，與法國首都的名稱相同。

② 編按：該題題目問的是「前奧運體操選手艾瑟（George Eyser）的生理奇觀」，但華森回答「腿」，而不是「少了一條腿」。

答，就不會犯這樣的錯誤，因為我們明白缺少一條腿對運動表現和日常生活的影響。要讓 AGI 了解人類的生活，或生活中各種事物與人之間的關聯，可說是程式設計師的一大夢魘。簡單來說，電腦不清楚生而為人是怎麼一回事。

換言之，某些野心勃勃的 AI 或 AGI 計畫即使在「原則上」有可能實現（畢竟人腦可不是靠魔法運作的），實際執行起來卻極為困難，幾乎不可能實現。

「科技奇點」③ 的信徒對此則不表贊同。好些研究者認為人工智慧發展神速，而且越來越聰明，不到二十年便會與人類智慧並駕齊驅，甚至後來居上。不少人認為科技奇點將在本世紀末來臨，屆時人類一切重大難題都會迎刃而解，戰爭、貧窮、飢荒、疾患，以至於死亡，都將不復存在。

上述觀點引起極大爭議，例如我們真的能靠非人類的電腦系統來化解中東政治危局嗎？人類應付中東危機的手段不怎麼高明，這一點我們無法否認，但要大家相信人工智慧能夠勝任，還需要更多技術上的證據。這整個問題的歷史背

---

③ 編按：人們根據科技發展史推論，當科技發展到一定程度時，可能會在極短時間內發生大躍進，使整個社會型態產生不可逆的徹底改變，此一轉捩點即為所謂「科技奇點」（Technological Singularity）。

景過於龐大複雜，我不認為人工智慧有辦法處理如此敏感的政治議題。

　　某些信徒所預見的另一種未來是「機器人接管全世界」，使人類深蒙其害。具備超高智能的人工智慧機器人將毫不留情地貫徹目標，或許會對我們帶來不利的影響。機器人不需要傷害人類（即使它們有能力這麼做），但如果人類很礙事，它們說不定會摧毀人類，就如同大部分人並不在意螞蟻死活一樣。未來，負責製造迴紋針的人工智慧系統可能會將人類碾碎，然後從血液中提煉鐵等金屬元素。

　　總而言之，人們各執己見，不論科技奇點會否發生，或者它將帶來福音還是禍害，目前都沒有共識。然而正方也好，反方也罷，無不對人工智慧的發展感到興奮。就算不信科技奇點，也能預料人工智慧大有可期。真要打賭的話，賭未來人工智慧大有進展，應該錯不了。但會進步到什麼程度呢？人工智慧能通過著名的「圖靈測試」（Turing Test）嗎？一九五〇年，圖靈設想將來人工智慧能與人類交談長達五分鐘，而其中百分之三十的對話讓人分辨不出對方是電腦還是人類。目前尚無人工智慧系統通過這個測試。但如果未經提點，常有測試者會誤以為是在和真人對話。

　　布萊切利園（Bletchley Park）每年都會舉辦圖靈測試競

賽，並在網路上實況轉播。二次大戰時，圖靈就是在這個地方協助破解德軍密碼。參賽者可望獲頒羅布納獎（Loebner Prize）：年度冠軍可獲得兩千美元；率先寫出程式，讓人分辨不出是電腦或人類，可獲得兩萬五千美元；設計出看似人類且具備聽力、視力和語言能力的電腦系統，可獲得十萬美元。

　　至今，兩萬五千美元的獎項仍懸在那，未見程式能使評審誤判比例達百分之三十的門檻。在二〇一四年，某個得獎程式有百分之三十三的答覆讓評審以為自己是在和真人對話。然而評審從主辦單位列出的選項中，認定對方是一個（英語表達欠佳的）十三歲烏克蘭少年。也就是說，電腦的語言能力並未達到完美，而與其對話的人類並不計較其種種笨拙失誤，一如人們自然而然會體諒外籍人士（尤其是小孩子）在用非母語溝通時的口誤。

　　事情發展到這裡，有個顯而易見的疑問：「通過測試又如何？」假使有朝一日，某系統通過了圖靈測試或所謂的全方位圖靈試驗（Total Turing Test，區別在於加入了有擬人化感覺動作的機器人），又能證明什麼？能代表該系統具有真正的「思考能力」或「意識」嗎？

　　「意識」這個概念有點抽象，可區分為「功能」與「現

象」兩類。功能意識觸及多種心理區別，包括清醒／沉睡、
專注／疏忽、內省／渾噩、和藹／孤僻、思緒縝密／未經思
慮、可以陳述／難以陳述，諸如此類。

　　我們有充分的理由相信，研究者能夠從資訊處理的角
度理解功能意識，並轉化為計算模式。眼下最有意思的機器
意識模型 LIDA ④ 即以認知神經科學為本，來處理上述的心
理區別功能。從這個意義層面來看，未來某些人工智慧系統
大可稱得上擁有意識。例如，你可以說通過圖靈測試的機器
人是懂得規劃和思考的。

　　現象意識又稱「感質 ⑤」，看上去與前者大有區別。
在基本上由物質構成的宇宙中竟存有現象意識，這可是出了
名的形上學難題，也有人稱之為「感知難題」（the hard
problem of consciousness）。畢竟要解釋現象意識（也就是
我們的感官為什麼以及如何獲取顏色或味道）遠比解釋功能
意識難多了。

---

④ 編按：LIDA（Learning Intelligent Distribution Agent）是由美國科學家史丹·
　富蘭克林（Stan Franklin）與同事開發的機器認知系統，一般認為可以分辨
　意識狀態，並擁有推理反思的能力，但缺少現象意識的特徵，即經驗和感受。
⑤ 編按：感質（qualia）一詞被哲學用來指稱所有感官現象，簡單地說就是感
　覺感受，例如當你感覺到痛，或是看見紅色時的感受。

　　不少研究者以極富猜想，甚至看似荒唐的論調來說明「感質」。有的將之視為宇宙無從化約的特質，類似質量或電荷。（當然，這根本解決不了問題。）有的訴諸量子物理學，費心以一項深不可測的奧祕來解答另一項奧祕。還有很多研究者垂頭喪氣，索性舉雙手投降。某知名哲學家宣稱，「沒有人能夠知道物質何以擁有意識，甚至對於那會是什麼情況也一無所知」。總歸一句話，這個議題是筆哲學爛帳。

　　如果人類的現象意識這般深奧，那麼就現階段來看，我們無從判斷人工智慧系統將來能否獲得此種意識。說人工智慧具有意識，有些人或許覺得荒謬，至少對我來說是的。然而這只是毫無根據的直覺，並非謹慎推敲得來的結論。

　　多數人工智慧研究者（例如 LIDA 的程式設計師）都覺得現象意識太難領會，便先將之擱置一旁。但少數受人工智慧理論影響的哲學家卻從資訊分析的角度切入。

　　在這角度來看，現象意識等同於腦內「程式」或「虛擬機器」的運算狀態。此類狀態有可能引發人類行為（比如臉上不由自主地流露出喜怒哀樂），也可能使人類心智的資訊處理過程產生其他變化（例如因痛苦而打算報復傷害自己的人）。現象意識只存在於結構複雜的運算系統，多半不歸蝸牛一類生物所有。僅有相關系統的特定環節可觸及現象意

識，所以意識是具有「隱私」的；人類心智的高等自我監控機能未必能夠時時將現象意識化為語言描述，故意識是「難以言喻」的。總之，甲無法體會乙對於紅色的感受，乙也無法將此感受向甲（或向自身）詳盡描述。

若以上陳述是正確的，那將來的人工智慧系統確實有機會具備現象意識的特質。所以，針對這個議題，一切仍在未定之天。

同樣未成定局的還有人工智慧到底是福是禍，或是更確切地問，「將來」到底是福是禍？科技奇點的熱情信徒會中氣十足地大喊：「是福！」哪怕像我這樣對科技奇點有所質疑的人也不得不承認，今日的人工智慧改善了許多人的生活，將來更是如此。這一點是可以確定的。

然而人工智慧的發展還有很多層面教人擔憂，我們應該認真思考，嚴謹看待。例如人工智慧對人類就業的威脅，不論是專業技能或體力粗活，都將被機器人大量取代。在理想狀況下，政府應協助調整產業結構，讓人類與機器共事──只有人類能辦到的事就交給人類，其餘則託付人工智慧。即使如此，原本從事簡單職務，或是工作內容一成不變的人，將很難找到新工作。科技固然會創造新工作，但這些職缺所需的教育程度已超出一般大眾所及，就算在先進國家

也是如此。

有人會說，就業並非要務，薪水袋將會由公民權利保障的「全民基本收入」（見 139 頁註釋）取代。此項政策在某些國家正處於實驗階段，但這之中有不少問題尚待解決，例如這些經費從哪來？我們該如何打發這些一下子多出來的空閒時間？根據社會心理學者研究，即使是做粗活，人們從工作中得到的好處也遠大於金錢。

另一個明顯的例子和國防有關。目前軍隊已開始將無人機用於炸彈攻擊，但標的仍需由人來定位。要是未來戰場上全都是自動無人轟炸機，而攻擊目標由機器決定，肯定會成為人類的夢魘。相關討論可見於本書第十五章，由諾爾·夏基所撰章節。

將人工智慧實際應用於人與人、面對面溝通的工作，也有不少例子。好比某些機構已投入大筆資金研發電腦看護和保母機器人。

如果保母機器人僅用來監控嬰兒哭聲與睡眠模式，在適當的時機通知人類看護，那就沒什麼問題。要是它還能使用語言、娛樂孩子、教育孩子，情況就不太妙了。即使只是陪孩子看卡通《小鹿斑比》，都有可能引發大麻煩：看到斑比的媽媽遭槍殺時，保母機器人會怎麼說？

　　同理，不管將來安養中心的人工智慧系統是接上螢幕還是化身機器人，若只是接手照顧長者的日常瑣事便沒什麼問題。要是他們開始交談，喚起老人家五味雜陳的過往回憶，真不知道是利還是弊。當然，在理想的未來天地裡，人們根本不會將上述應用程式列入考慮，而是更加倚重並提升專業人類看護應得的待遇與尊重，老人家的親朋好友也不至於怕麻煩就不相往來。然而，你會抱著這樣的期待嗎？

　　全球無數團體與機構都在思索這種種難題，努力想找出更務實的預防、改善及規範方法。其中一個團體便是由機器人研究者主持的國際委員會，專門追蹤無人機等軍用自動裝置的發展。有些團體則由人工智慧專家及政府決策人士組成，目標在於監控各領域的大數據應用，並留意是否有侵犯隱私權的問題。

　　人工智慧將會改變人類的未來，有些會朝著有益的規劃發展，有些則會導致始料未及（雖然有些已可預見）的禍害，波及人類生活各個層面。無論如何，我們都該謹慎看待相關研究，小心別讓人工智慧成了脫韁野馬。

第十一章

量子運算

溫佛瑞・亨辛格（Winfried K. Hensinger）

　　我成長於一九八〇年代，那時的生活和現在很不一樣，電腦才剛變得普及，學打字的人用的是打字機，火車站沒有電子售票機，一般家庭也沒有網路和智慧型手機。人們還沒有開始依賴電腦處理平常事務，許多現在習以為常的用品也還沒有被發明。如今電腦影響了我們生活的幾乎所有層面，很難想像少了電腦怎麼過活。科學家及政治人物創了個詞彙，將上述科技形容為「破壞性創新」，因為電腦讓全世界的生活型態起了天翻地覆的改變。我相信在十到二十年內，「量子運算」會是另一項具有「破壞性」的新興技術。

　　開頭先讓我把話說清楚，「量子電腦」不僅僅是運算速度飛快的電腦，事實上，量子電腦與現行電腦差別極大，不太可能以彼代此。相反地，量子電腦能解決那些我們從沒想過能解決的問題，比如連運算能力最強大的超級電腦都得花幾十億年才有辦法破解的一系列難題。量子電腦將賦與人類全新的能力，並且以意想不到的方式改變人類的生活。為了讓讀者體會這種種能力，並想像生活如何為之一變，能從頭述說量子電腦的實際運作原理當然再好不過。在這之前，請容我先大略介紹量子物理學。

　　簡單來說，量子物理學是解釋我們周遭世界的學問，卻十分不按牌理出牌。首先，這門學問預測單一事物可同時出現在兩個不同的地方。是的，你沒看錯。理論上，量子物理學允許我一邊在布萊頓市的家中就著書桌撰寫本章，一邊在佛羅里達海灘準備下水游泳。不幸的是，「同時身處兩地」這樣的好事不會發生在人類這等龐然大物身上（雖然我還真希望能辦得到）。科學家常在實驗室觀測到個別原子有如此表現。明確說來，原子可於相同時間處於相異地點，形成「疊加」（superposition）。物理學者對量子物理學這項詭異預測大表驚訝，並且進行連場實驗想證明這有多荒謬，卻證明了「疊加」現象真有可能發生，也的確會發生。

　　以下拿我研究上遇到的例子來向大家說明這個量子怪象。按量子物理學家傑哈德‧米爾本（Gerard Milburn）的預測，要讓原子同時間向前和向後移動並非不可能。請想像自己正要把車子開出狹窄的停車格，結果車子並非先撞上前面車輛，再倒退撞上後面車輛，而是同步與前後車輛相撞！這個想法讓年輕時的我深深著迷，當我投身科學研究後，說什麼都想試試這個實驗。歷經三年左右的努力，在實驗室中渡過漫漫長夜，我和同事終於觀察到量子疊加的實例——同時向前和向後移動的原子。

　　彷彿疊加現象還不夠詭異似的，量子物理學中甚至還有更怪的量子「糾纏」（entanglement）。老實說，要解釋何謂「糾纏」，借助數學算式才是正道。不過就讓我用更簡單的方式來解說吧。兩個同質的量子物體（例如原子）縱然相隔甚遠、無從連繫，若其中一個受到外力作用，另一個同樣會立刻受到影響。上述量子物理特性讓愛因斯坦很不舒坦，他形容這是「見鬼了」，並且提出實驗來反駁這項理論。六十年來，物理學者循愛因斯坦的思路不斷實驗，去蕪存菁，設想各種可能的漏洞，卻總是得出相同結論：量子物理學似乎所言不虛，「疊加」與「糾纏」之類的奇怪現象確實存在。

　　某些物理學者仍試圖弄清楚量子物理學的古怪之處，其他許多學者倒是接納了這些理論，並展開新的挑戰。他們想知道，是否能以量子物理學的神奇效應為基礎發展出全新科技？研究學者有許多想法，例如開發空前精準的感測器來偵測電磁場，甚或測量重力（可作探查地底管線之用）。又或者將量子原理用於密碼技術，保障通信安全，讓人們明白在物理定律的保證下絕不會遭竊聽。

　　這些令人感到興奮的新技術有可能再次深深改變人類的生活。然而依我看，其中變數最大也最難實現的當屬量子運算。且聽我說說量子運算機制何以這般新穎又強大。

　　量子力學解釋了原子的表現與相互作用如何產生宇宙中一切物質特性，如顏色、強度、熱力與電力的傳導；還可解釋人體內的原子如何表現，以致於催生了人的視覺、嗅覺和對外界的整體感受。這門學問，實在威力無比。

　　但是有個大問題：要用現有的電腦來預測並計算量子力學程序十分困難。量子物理學演算需要極其強大的電腦運算能力，就算以現行運算速度最快的電腦來計算量子力學難題，還是得吃上不少苦頭。按這種做法，要解決真正有意思的運算難關，必須耗費幾十億年。也許我們可以將當今世界各地的科學研究總結歸納，打造一個極為精簡的量子程序模

型，以適用於現有的電腦科技。然而，比起準確破解量子難題，這等難免簡化的計算模式未必能如實仿照量子程序。這意味著人類錯過了改變世界的重大契機，諸如研發新藥、製造新材料、探究蛋白質折疊等。換成量子電腦的話，可直接仰仗量子力學的奇特性質，正確模擬奠基於量子力學的各種複雜系統，化解以上難處。然而量子電腦的理論才剛有些基礎上的進展，學者們還無法證實是否適用於所有物理系統，僅止於猜想。話說回來，既然量子物理學能說明一切物理系統及其特質，人們無須頂著物理博士頭銜也看得出此中機會無限。事實上，利用量子電腦來理解現實，本身就是一種前所未見的方法，很可能會劇烈改變人對宇宙，乃至對生命本質的認知。

不過量子電腦的另一項應用也有可能劇烈衝擊人類的生活。我最好先說明一下這些年來電腦運算的發展，以利讀者體察量子電腦的影響。傳統電腦的演算能力在過去三十年來穩步成長，按照摩爾定律（Moore's Law），晶片的效能每十八個月左右便可倍增。如此成就要歸功於電腦處理器的電晶體做得越來越迷你。這樣聽起來，電腦的運算能力算是持續有可觀的進展。但有些複雜的問題萬分難解，儘管用上市面最好的電腦來計算，仍要耗去太多的時間。比方如何精

準預測天氣？手法最高明、獲利最豐碩的股市投資策略是什麼？怎樣規劃出最有效率的路線，讓快遞公司一趟可以多送幾件包裹？當問題規模越來越大，如包裹遞送件數增加、氣候預報範圍擴大，建構理論模型所需用到的參數也越多。在必須耗去極大運算資源的情況下，要用傳統電腦計算結果便顯得相當吃力。

　　然而，量子電腦可能可以解決這個問題。傳統電腦（跟量子電腦不同），使用二進制的位元來記錄資訊，每個位元只有兩種狀態：0 或 1。如果要進行數學四則運算，每個數要先轉換成一串的位元，再透過處理器去運算。再用兩個位元為一組來舉例：在二進位制中，1 用 OI 來表示，2 用 IO 來表示，3 用 II 來表示。當處理器要運算 1+2 的時候，收到的訊息是 OI+IO，得到答案是 II，也就是 3。傳統電腦必須記錄這些位元串，讓後續的運算可以繼續下去，所以電腦中就儲存了很大量的位元串，當處理龐大的資料時，運算的時間就會呈線性成長。量子電腦則採用量子位元來記錄訊息和運算，擁有量子疊加和量子糾纏的特性，使用兩個量子位元，就可以讓 0、1、2、3 這四個數字，像平行時空一樣同時存在。只要 10 個量子位元，就可以處理相當於 1024 個傳統位元的資料量，100 個量子位元，就可以處理

1267650600228230000000000000000 個傳統位元。量子電腦
特別適合運算天文數字般的龐大數據，讓運算的速度可以大
幅度的提升，節省大量的時間，這也就是為什麼量子電腦如
此強大且重要的原因。

不過有一點得牢記在心：量子電腦可立即執行各項運
算，卻只能讀出其中一組答案。有個方法應該可以克服這項
阻礙，亦即讓這組答案運用到電腦所進行的一切運算，以這
種種運算為基礎。因此，為了讓量子電腦能物盡其用，我們
所著眼的難題必須得透過眾多個別演算或操作才能尋得解
答，資料庫搜尋即是一例。假設有人翻閱電話簿，想查找
某電話號碼的用戶姓名，運氣好的話很快就找到，有時運氣
差，等簿子快翻完了才會發現。平均來看，大概要把整本電
話簿翻過一半才會得償所願。處理這類麻煩事正是量子電腦
的強項。更確切地說，量子電腦經證實能加速類似演算，其
潛力為傳統電腦所不及。創造適合量子電腦的演算法，是
一門起步未久的新興研究。目前已經出現許多強而有力的
量子演算法，讓學者倍添信心。想獲取已知的量子演算法
一覽表，可參考美國國家標準及技術協會（National Institute
of Standards and Technology, NIST）的「量子演算法大觀」
（Quantum Algorithm Zoo）網站。

　　那麼，該怎麼實際建造出一台量子電腦呢？很不幸的是，此事難度之大，讓人無法置信。科學家甚至有好幾十年都覺得這是天方夜譚。所幸近年來量子相關研究多有突破，學界也因此改變了看法。就目前我們所擁有的知識，合理地推斷，要打造量子電腦並非完全無望。然而這其中實際所需的工程技術，其複雜程度與雄心壯志不下於人類操縱太空梭前往火星探險。就先讓我們仔細看看需要哪些必備條件。

　　打造量子電腦最重要的一項元素，便是能夠展示量子效應的物理系統。畢竟要是少了疊加與糾纏現象，量子電腦就沒戲唱了。幸好，任何物理系統按理都會出現量子效應，也就不必拘泥非哪種系統不可。確切說來，學者最初在構思量子電腦的時候，便提出了多種可行的物理系統。例如帶電原子（離子）、超導迴路、光子、氦上的飄浮電子，或是以他類元素的原子在矽晶片上形成雜質，再轉為量子位元。總之，研究者探討過數之不盡的構想。

　　這種種系統固然都具備了量子效應，難就難在該如何徹底掌控，讓效應隨研究所需而發生。對於量子力學預料到的古怪現象，物理學者有豐富的觀測經驗，卻難以控制。部分原因在於任何不必要的反應都將使效應隨即消滅，這也是為什麼我們從未見過人類這等龐然大物同時現身兩地。現階

段正在研究的許多物理系統，將來都有機會成為量子電腦不可欠缺的美妙架構。其中有兩項系統的進展特別引人注目，前景也最為可期，讓學者更加確信能建造出大型量子電腦。

其中一項系統使用量子超導現象（superconductivity），而電腦要在此現象下運作，就得冷卻至接近絕對零度（攝氏負兩百七十三度）。若量子位元數少，倒還小事一樁；一旦涉及數十億量子位元，就會變成巨大的挑戰。

另一項技術則是囚禁離子（trapped ions），可在常溫或「適度」冷卻下運作（降至可使氮氣液化的攝氏負一百九十六度）。迄今此系統規格最稱完善。就在幾個月前，多虧 Google、奧胡斯大學（Aarhus University）、錫根大學（Siegen University）和日本理研所的傑出科學家相助，我在薩塞克斯大學（University of Sussex）所領導的研究團隊發表了有史以來第一份以囚禁離子建構大型量子電腦的計畫，並且正在薩塞克斯大學進行中。

接下來，我就談談怎樣以捕獲的離子建造大型量子電腦。在良好真空環境內，一個個離子（量子位元）不會與系統裡其他原子碰撞或交互作用。而微晶片經特殊設計，上頭的電極會釋放電場將離子固定。這一道道電極縱橫交錯，性質近似「小精靈」（Pacman）迷宮電玩。研究人員改變

電極的電壓後，就能沿「迷宮」渠道將離子由記憶體區送至量子閘區，執行量子邏輯閘（亦即進行運算）。此時，運用校準至微米程度的成對雷射光束是研究者常見的做法。運算程序需要多少量子位元，差不多就得用上多少對雷射光束，而總數可能好幾十億。先前已有學者將此技術應用於少數離子。但要讓量子電腦內含幾十億對雷射光束，以因應幾十億離子，其工程之浩大可以想見。

　　幸好，我和同仁最近設法以施加於微晶片的電壓來取代雷射光束。如此一來，要建構大型量子電腦就容易多了。我們打算在設計藍圖好好概述一下竣工前的一切工程作業。由於不想仰賴日後的物理學突破，以便能有立場主張當下即有可能打造大型量子電腦，我們所設想的這台裝置並未盡善盡美，不僅體積過大，相當於一棟建築與橄欖球場，造價也極為昂貴，甚至可能再花上十到十五年才建得成。但反過來說，這項大計也並未碰上物理學方面的根本阻礙。綜上可知，要製造小巧的家用量子電腦，仍是長路漫漫。這一點不用太過擔心，畢竟傳統電腦最初也是體積頗大，占用了一整棟建物。在雲端運算時代，讓量子電腦居核心位置，方便用戶遠端存取、進行演算，這才比較合乎情理。

　　既是這樣，那麼量子電腦商業化如今進展到什麼地

步？加拿大 D-Wave 系統公司很大膽地亮出「量子電腦」旗號來行銷自家技術，但物理學者對此多表懷疑。最近的研究似乎證實了該公司的裝置真有用上某些量子程序，我自己倒看不出有什麼證據顯示那些裝置能發展為「全面性」的量子電腦（也就是能徹底執行學者所想的各種量子程序），原因在於 D-Wave 裝置的量子位元與使用捕獲離子一類技術的量子位元並不相同。所以，我們可以將 D-Wave 裝置視為具備特定用途，但未能全面通用。聽上去雖不夠威風，但仍有機會應用在好些有意思的層面。

對科學家來說，打造大型通用量子電腦是神聖使命。同時，不少科技大廠體悟到量子運算技術對公司將來的發展極為關鍵，例如 IBM、Google、微軟和 IonQ 等新創公司，紛紛投入開發計畫。另也有一些大學院校致力於量子電腦的建構與商業化。我們可以說，阻撓人們建造量子電腦的根本障礙多已移除，但整體工程仍有賴藝高人膽大。要見到第一台大型量子電腦，還得等上十幾二十年，而研究者必得推出一系列技術來解決相關難題。新型量子科技帶給世界煥然一新的契機。我們這一代何其有幸，將有機會親眼見識量子技術開創的奇觀。

打造未來

工程，運輸，能源

第十二章

智慧材料

安娜・普洛薩斯基（Anna Ploszajski）

　　想像一下，若你擁有的物品可以自主感知、回應、移動、調節、變形、修復，你的生活將會變成什麼光景？以上所述，在未來都會一一實現。不需要人為施加外力，不是利用機器人或電子技術，這些固態物品自會發揮功能。在光線、溫度、濕度和外力的刺激下，這些物品會相應改變顏色、外觀、磁性等特質。智慧材料牽涉的範圍極廣，在我們有生之年，一定可以看到智慧材料融入我們的生活，包括飾品配件、人形機器人的結構材料、可管控室內溫度的變色屋頂，乃至可以自行打開的烘豆罐頭。

　　智慧材料並不是全新玩意，事實上，大自然早在人類
發現之前便孕育出會向著太陽移動的植物，以及下雨時會闔
起的松果。綜觀人類歷史，智慧材料屢屢可見，例如早在四
千五百年前，吉薩金字塔上便運用了有自動修補效果的灰
漿。然而直到一八八〇年，科學家才真正認識智慧材料的特
性。法國物理學家皮耶・居禮（Pierre Curie）和雅克・居禮
（Jacques Curie）兩兄弟發現，大理石中常見的石英結晶經
壓縮會生成電壓；一年後，兩人又證明了這個現象可以反其
道而行，將電壓施加於石英結晶可使其收縮，並稱之為「壓
電效應」（piezoelectricity）①。一次大戰期間，能夠產生
壓電效應的結晶首度用於聲納探測裝置，如今用途更為廣
泛，諸如打火機、麥克風、時鐘、超音波造像設備都用得
上。

　　居禮兄弟的科學突破讓材料學者、工程師和發明家都
重新省思材料設計之道，進而發現了更多新型智慧材料。今
日有數以百萬的專利發明都是因這些智慧材料而存在。廣義
來說，智慧材料的功能分為六類：變色、感知、移動、溫度

---

① 壓電效應（piezoelectricity）一詞源自希臘文的「壓縮」（piezo）和古人用
　來磨擦產生靜電的「琥珀」（elektron）。

調節（加熱或冷卻）、自行修復、相變（結冰與融化）。智慧材料的應用並非僅見於科幻小說與實驗室內。我們平常就已經在使用若干智慧材料產品，像是會隨陽光增強而變暗的太陽眼鏡，還有倒入熱咖啡會變色的馬克杯。

　　有了智慧型單車，以後再也不必擔心路面坑坑洞洞、輪胎爆胎或車子刮傷掉漆。多虧能迅速調節體溫和防風擋雨的衣物，騎乘單車更是風雨無阻。要是沒注意到時間，天黑了還沒回到家，車輪壓過道路時會持續發亮。萬一不小心摔車了，破損的智慧型衣料可以沿路自動修補。

　　若想去遠方旅行，通常得搭飛機。未來的新型客機外型更像一隻飛鳥，可隨著氣流與氣壓變化外形，讓旅客享受更平穩舒適的飛航體驗。新飛機之所以能省油又迅速，全是智慧材料的功勞。以上種種令人興奮的描述，都來自未來智慧材料世界。

小小一輛腳踏車的智慧

　　現在的製造商刻意限縮產品壽命，逼使消費者反覆購買。像這樣有計畫地淘汰產品，甚至將產品設計得難以修復，都在鼓勵民眾不斷消費，養成用壞即丟的習慣。以腳踏

車為例，雖然多數腳踏車都採通用設計，方便更換零件，不論哪個部分壞掉了，看起來都能夠徹底修復。但就算再怎麼愛惜腳踏車，騎久了也難免烤漆脫落、零件鏽蝕、輪胎破損，最後不得不淪落至垃圾場。幸好，智慧材料將解救腳踏車擺脫厄運。

具有自動修復效果的塗料含有球形微粒，一旦車體表面刮損，破裂的球形微粒會釋出樹脂修補劑，自動填滿刮痕。想讓輪胎也能自補破損，可在原料硫化橡膠下工夫，使其長分子鏈含帶電粒子（離子）。相鄰分子的電荷相反離子會彼此吸引，組成強離子鍵，使整體材料穩固耐用。就算分子因橡膠撕裂而兩相剝離，也會循電荷異性相吸的簡單原理自發重組離子鍵。現有的防爆胎在輪胎內層另塗有密封膠以防堵破洞，智慧型輪胎使用的則是可再三封起破口的單一成分。

把腳踏車停在戶外淋雨，外露的零件很快就會生鏽，使金屬表面趨於鹼性。加酸顯色材料（halochromic materials）會隨著環境的酸鹼值變化而改變顏色，就像石蕊試紙一樣。最常見的例子是酚酞，一種弱有機酸，遇到鹼性物質就會變成粉紅色。只要使用含有這類材料的塗漆，小至腳踏車零件，大至鐵道橋梁，有助於在造成嚴重損壞前有效

地辨識並處理初期鏽蝕，防微杜漸。

　　美國太空總署在抗蝕塗料的研究上更進一步，開發出來的智慧型塗漆不僅讓腐蝕現形，還含有特殊微型膠囊，會在鹼性濃度上升時釋出油性抑制劑，防止鏽蝕惡化。這種自動防鏽技術將大大影響一國經濟。在英國，每年光是和蝕鏽有關的支出就高達六百億英鎊，占國內生產毛額的百分之三左右。

　　也許我們很快就會看到壓電材料應用在街燈、路標和交通號誌，其動力並非來自傳統電力，而是來自車輛行駛的街道本身。當今最常見的壓電材料是人造陶瓷「鋯鈦酸鉛」（Lead Zirconate Titanate, PZT），它在擠壓下會產生電壓，因為其原子排列成不對稱的晶體結構。大多數人對於晶體的印象都是亮閃閃的寶石，但在材料學者眼中，固態晶體的原子相連成行、井然有序，排列出重複的立體樣態。的確，寶石是晶體，金屬、陶瓷、冰塊、岩石和某些塑膠又何嘗不是由晶體組成。在大部分的晶體結構中，原子組合成對稱的重複單元，不管從後往前看，還是上下顛倒看，都是一模一樣。然而如前所述，壓電晶體的結構是不對稱的重複單元。一般來說，壓電晶體原子的電荷會正負相抵（亦即正電荷會被鄰近的負電荷抵銷）。但若擠壓或延展不對稱的重複單元

則會造成原子移動，使得電荷無法相抵，於是這些重複單元的一側會帶著正電荷，另一側帶著負電荷。要是擠壓晶體內的上百萬個不對稱單元，就會生成足以測量的電壓，接上電路後就可以收集成有用的電力。把壓電晶體鋪排於柏油路面之下，車胎壓過去時就能使這些智慧材料發電。把電力儲存起來還可用於路燈照明。目前這類技術已進行過好幾項實驗，結果看來大有可期。我們甚至可以將相關技術應用在輪胎或鞋底，就能透過移動來發電。

　　未來，坑坑巴巴的馬路將成為過去式，單車和機車騎士也好，地方議員也好，都可以放心了。智慧水泥材料可以偵測破損，自行修補。當水泥路面裂開，內層觸及空氣濕度或雨水時，內嵌的智慧材料就會受到刺激，將破口補起來。例如有一種以黏土為基礎的添加劑，內含休眠細菌與乳酸鈣。冰箱裡放太久的陳年乳酪表面常會有一層白色結晶，那就是乳酸鈣。當休眠中的細菌遇水活化，開始消耗乳酸鈣，同時分泌石灰填補破洞，以免洞越破越大。這種添加了細菌的水泥可用於道路、橋梁等基礎建設，在地震頻繁的國家應該特別好用。

　　當天氣變冷了，單車騎士需要能隨時調節體溫的衣物，最好騎車時能通風，平常穿又能保暖。解決方法就是能

夠記憶形狀，並且加熱變形的聚合物，包括橡膠、塑料和蛋白質等。形狀記憶聚合物在一開始製造時便會設定「記憶」形狀，然後透過加熱暫時改變形狀再予以冷卻。當溫度達到變形溫度時，聚合材料就會「恢復記憶」。這種智慧材料可以記住每次加熱、冷卻後的形狀。服裝製造商可為單車外套的鬆軟內襯添加形狀記憶聚合物，冷天時，內襯會如睡袋那般留住空氣；要是人在運動時體溫上升，便可相應收縮，加強透氣。

同理，可靈敏察覺濕度起伏的聚合物則會遇水變形，乾燥時很硬挺，泡水就變得柔軟鬆弛。以此聚合物製成的衣料具有對濕度非常敏感的微型鱗片，在無水狀態下，鱗片會與布料纖維呈直角，使衣料透氣，遇到降雨則鬆弛變平，與纖維相互疊加，形成難以穿透的不透水層。

我們都知道，人的皮膚受傷後會自行癒合。騎單車發生意外跌撞時，這種自癒機能特別派得上用場。多虧了可自動復原的智慧型衣料，我們穿的衣服未來也可以有樣學樣，被撕破後還能自動修復。這類布料纖維包含了一種極為特殊的蛋白質，既可取自烏賊觸腳吸盤周遭的「牙齒」，也可在實驗室中合成。這種蛋白質能使小型撕裂處兩側的布料形成新的化學鍵，只要加點水分按壓不到一分鐘，裂縫就能重新

密合。摔了一跤的單車騎士還沒騎到終點，破掉的褲子早就自動補好了，比修補破碎的自尊心更快、更簡單。

未來的飛航機器

　　在腳踏車發明的五百多年前，達文西受到飛鳥啟發，設計了史上第一個飛行器。他的飛行器具有關節靈活的木造機翼，拍擊起來宛如鳥類或蝙蝠的雙翅。相比之下，現在飛機結構剛硬，沒有多少可以活動的部位。放眼未來，智慧材料將使我們擺脫眼下僵化的飛航設計，重新審視達文西的設計靈感，讓飛機性能變得更強大、更有彈性，感應更靈敏，更能適應瞬息萬變的天氣。

　　在飛行過程中，飛機必須要能承受來自各方的各種作用力，現有的傳統造型不一定是最理想的。未來的新型飛機機翼說不定可攤平或膨脹，讓通過機翼的升力最大化，並且可隨著不同的飛行階段折疊、伸展、起伏或貼近機身。像這樣依情況立即調整，減輕風阻，讓起飛距離縮短，駕駛員也得以更有效運用空氣動力，操控自如。另一方面，不僅可以縮短飛行時間，節省耗油，機上乘客也倍覺安穩。

　　要落實上述飛航科技，必須結合智慧材料的種種特

性。機翼的移動部件將會用鎳鈦記憶合金一類材質製成，能
在受熱及遇冷時轉變為不同的預設外形。輕盈的智慧變形材
料也將成為要角，例如依電壓有無而縮放的電活性聚合物。
作為製造飛機外殼的形狀記憶聚合物格外重要，既得十分堅
韌，足以承受空氣動力，又得彈性十足、可伸可縮，以利機
翼改變形狀。

　　上述許多的智慧材料還得兼備感測器，壓電性與電活
性聚合物在承受外來壓力的同時可產生足供測量的電信號。
光纖的折射率會隨溫度或外力而改變，將它們嵌入機體構造
中，可使飛機既堅韌又輕盈，還能監控飛行時的損害、破裂
及動態應變。智慧型材料的用途無所不包，可應用於各種地
方，小至靈活的電子裝置，大至可警示工程師結構潛在缺陷
的智慧型水泥建物。

　　利用量子穿隧複合物（quantum tunneling composites,
QTC）作為材料，未來飛機很有可能具備與人類相當的觸控
敏銳度。這類智慧材料一經擠壓，就會由絕緣體轉為電導
體。材料本體柔軟而有彈性，內含微小的鎳粒子。由於材料
本體為絕緣體，鎳粒子在惰性狀態下相隔甚遠，無從導電。
不過受外力擠壓而活化後，鎳粒子彼此縮短距離，使電子穿
透絕緣狀態，整體基質因此成為電導體。量子力學描述起電

子位置，著眼的並非確切座標，而是位於特定所在的概率，當鎳粒子的電子靠近基質的絕緣屏障，貫穿屏障（而非反彈）的概率儘管極小，倒也不至於鐵定失敗。換言之，按量子力學的說法，只要試圖穿過絕緣體的電子夠多，便有機會抵達絕緣體外側。如上特異材料，現由美國太空總署用於生產可感應緊握物品程度的機器人，未來還可製造出適合截肢人士的嶄新觸控螢幕和靈敏義肢。

智慧材料的遺澤

　　本章所介紹的智慧材料都可在實驗室裡成功運作，然而要在日常生活中實現，仍得克服不少問題。在很多情況下，智慧材料的反應時間太長，質地不夠堅固，表現還不夠穩定。它的性能也會隨著時間而減弱，現階段要想在工作裝置加入智慧材料並非易事。研究人員經常難以掌握智慧材料受到刺激的轉變門檻，有些材料還內含毒性。此外，一如眾多新興科技，智慧材料要價驚人，昂貴的製造成本和難以取得的原料，在在阻礙了發展與推廣。

　　話說回來，我對智慧材料的前景倒是很樂觀。只要科學家研究不懈，各式各樣的難關都可以克服。如同網路改變

了人們處理資訊的方法，智慧材料一定也會徹底改變我們與物質世界的互動。就字面來說，「物品」無知無感，任憑外界處置。從個別來看，智慧材料也不過只會一種把戲，隨著外在的刺激指令在「開始」與「結束」之間來回轉換狀態。但是若能將各式智慧材料統合起來，就能打造一架可以生產及儲存能源、感應自身狀態及周遭環境、自行組合並修復、適應各種環境甚至與同類交流的飛機。現在這個「物品」是不是聽起來彷彿有了生命？

於是智慧材料也引著人類去省思好些重大問題。智慧型產品是否一定會讓我們的生活變得更好？將簡單之物賦予許多複雜的新功能，固然能使生活更便利，卻也在生產、使用及回收上耗去更多寶貴能源與稀缺資源，如果是這樣的話，人類應該捨簡就繁嗎？相反地，就算智慧型產品可以減少消耗與浪費，也會產生另一個麻煩。具有自動修復機能的智慧材料延長了物品的壽命，卻也為製造業和商業帶來巨大挑戰。社會經濟體制將如何調適？是否只有富裕的社會菁英階級才享用得起智慧產品？要是人們過於依賴智慧材料來實現自動化生活，久而久之是否會失去了獨立思考與批判思考的能力？人造物品訴說著人類社會演化的進程。總有一天，眼下的尖端智慧材料都會成為博物館內的展覽品，成為後世

　　子孫緬懷前人的憑藉。那麼，這一項項展覽品又將訴說怎樣
的歷史故事？

　　我認為，智慧材料對於世界的影響利大於弊。例如製
造未來飛機所需的材質也可用來製造智慧型義肢，使其具備
感應及自動修復能力，還可以直接由大腦控制。衣物織品或
各項基礎設施若能因應外界變化，讓氣候變遷的受災民眾可
以減輕苦楚，那麼相關技術就值得我們繼續研究。人與物質
的關係是非常私人而且複雜的，反映出當下時代的觀念和思
想主流。我希望，等我們這一代的人離世之後，智慧型產品
所呈現的人類演進可與材料本身相映成趣，在充滿變化與挑
戰的環境中保持敏銳與韌性。

第十三章

能源

傑夫・哈迪（Jeff Hardy）

　　我得先坦白說，我超迷能源的。不論是最尖端的科學（例如透過穿戴設備從人的動作收集能源），或是最常見的瓦斯熱水器，只要是關於能源的一切都讓我感到興奮。許多人會認為能源和我們的生活沒有直接的關係，比較像是一種按下開關就能享受的服務。但在發展中國家可不是這樣，有二十億人渴望能更容易享受到能源帶來的便利。然而人類對能源的需求將與氣候變遷等環保議題產生衝突，進而改變人類與能源之間的關係。唯一可以確定的是，能源會成為未來最重要的議題，尤其是如何找到用之不竭的乾淨能源。與其

害怕未來的不確定性，不如張開手臂擁抱它的無限可能。在這一章裡，我會告訴你為何該對能源的未來感到無比興奮。

能源與溫室氣體

　　各位應該已經讀過本書第三章，由茱莉亞‧史琳戈撰寫關於氣候變遷的論述，也知道降低全球性溫室氣體排放有多重要。根據國際能源署（International Energy Agency）的說法，能源的生產與運用占全世界溫室氣體排放量的三分之二。兩者的關係如此密切，因此，要解決氣候變遷的問題，不得不從能源著手。

　　該如何降低使用能源所產生的的碳排放？看起來最簡單的答案是停止燃燒石化燃料，事實上要做到這一點非常困難。石化燃料已經與現代人的生活畫上等號，它確實在為我們的生活「加油」。在我們想到替代方案之前，要人們暫時別過原本習慣的日子，是不會被大家所接受的。對於那些能源取用相當受限，甚至要靠石化燃料才能發展的國家，要阻止它們的發展也不公平。所以我們需要一個計畫，可以按部就班降低我們對石化燃料的依賴。

　　首先，我們需要更有「效率」。從一開始就不要燃燒

石化燃料，才是減少溫室氣體最便宜的方法。在英國（在其他地區也一樣），人們無意間浪費了非常多的能源，例如在發電及輸電的過程中會耗損三分之二的電力，隔絕效果不佳的建築也會讓熱能白白散失。如果節約能源是件好事，為什麼我們沒有做得更好呢？部分原因在於人們就是對有效運用能源這件事不感興趣，而且獎金或補助對大多數人也沒有吸引力。另一個問題是，效率會幫人們省錢，結果省下來的錢拿去用在其他會產生更多溫室氣體的事物上，造成「反彈效應」（rebound effect）。例如把節電省下的電費挪用在暖氣上，結果燃燒更多瓦斯，或者用這筆意外收入搭飛機去旅行，結果產生更多碳足跡。

　　第二個解決方法是用「更聰明」的方式經營能源系統。多數能源系統的運作基礎是讓能源供給跟隨能源需求，讓供需維持穩定平衡，電力尤其如此。電力系統有其技術優先順序，包括總是保持開機的基本負載發電廠（如核能與燃煤）、變動型發電廠（如太陽能與風力）、彈性型發電廠（如天然氣），以及可以迅速啟動但相當昂貴的尖峰負載型發電廠（如柴油）。舉例來說，如果你想把衣服洗乾淨，就得使用洗衣機。為了滿足這個需求，電廠的工作人員就會打開某個發電機或調高發電量。要是在繁忙時段，每個人都在洗衣

服，那麼很可能就要追加使用石化燃料（天然氣或柴油）發電。而「聰明」的能源系統是要讓需求跟隨供給，在上述案例中，智慧型洗衣機或許會問你：「什麼時候需要乾淨的衣服？」然後在能量供給充足時啟動洗衣機（前提是符合你的時間需求），也就是說電廠不需要啟動額外的發電機。

　　第三點，尋找石化燃料的替代能源，有效減少溫室氣體或達到零排放的目標。

　　就發電來說，你可以選用低碳能源來取代石化燃料，像是可再生能源、風力、太陽能與生質能源（燃燒樹木或其他會生長的東西），當然還有核能。另一個選擇是運用碳捕集和封存（carbon capture and storage, CCS）技術，也就是設置一個大型的化學工廠緊臨發電廠，捕捉廢氣中絕大多數的二氧化碳。接著，這些二氧化碳透過管線運輸並注入停止使用的天然氣田或油田，讓二氧化碳（理論上）能永遠受困於此。如果在碳捕獲封存廠所燒的不是石化燃料而是生質能，而且你將二氧化碳捕獲，那麼你就能有負的二氧化碳排放！這是因為，樹木生長的時候會吸收大氣中的二氧化碳 —— 所以如果你將它燃燒並捕捉二氧化碳，你就會降低大氣中的二氧化碳含量（只要你有將樹木補足）。但是並非所有生質能都是不排碳的，這取決於該生質能是如何種植、收成、補

充、運輸，以及土地的利用方式。

熱能的替代選項倒是不少。今日我們燃燒大量的天然氣（甲烷）來取暖，但其實有更好的替代氣體，例如用生質來製造生物氣體（biogas），產生的溫室氣體淨排放量應該會比較低。另一個選擇是氫氣。燃燒氫氣的副產品是水，所以不怕造成汙染。問題是大多數氫氣都來自天然氣，利用甲烷蒸氣重組的程序取得，而這個過程會製造二氧化碳。我們也可以將水電解為氧和氫，但是這個方法需要鉑和鈀等昂貴金屬作為觸媒，電力也需要花不少錢。

運輸一向以石化燃料為主要動力來源（這是目前的情況，說不定有天就能使用氫氣），不過路上越來越常看到電動車和油電混合動力車，它們也越來越受消費者青睞。據統計，全世界目前已賣出超過一百萬輛電動及油電混合動力車。在我們的觀念中，一輛車靠一個油箱可以行駛幾百公里，而且加油只需幾分鐘，現在這個觀念將會受到挑戰。儘管電動車的電池技術以及充電站的數量都在迅速改善，但仍有一段路要走。

比起電力和熱能，人們行為的改變對於運輸的影響更為重要。近來調查顯示，英國人每天大約有百分之五的時間在開車。隨著自動車的開發、智慧公共運輸的發展、更好的

城市自行車規劃，以及視訊會議技術的進步，在不久的未來就會改變人們往返兩地的模式。

破壞大爆發

「破壞性科技」（disruptive technology）指的是取代既有技術進而撼動市場的科技，或是某種足以開創新局、創造全新產業的產品。看看能量領域，破壞正在發生。

首先，能源使用效率越來越高。綜觀歐洲，節能標籤與產品標準化所省下的能源，相當於義大利一整年所消耗的能量。光是把一顆不起眼的白熾燈泡換成 LED 燈泡，就能節省百分之九十的電力。智慧科技也讓我們使用能量更有效率，例如智慧恆溫空調可以記錄人們的使用習慣，調節冷暖氣的使用度，進而省下一筆錢（不過當然也會發生前面提過的「反彈效應」）。

此外，能源技術也變得越來越平價。太陽能光電板隨著全球性的布署而越來越便宜，其銷售量每增加一倍，價格就會下降大約百分之二十一。目前全球的太陽能光電大約三百兆瓦（GW）；不過十年之前，這個數字還僅接近十兆瓦。這麼解釋吧，如果我將家中所有電器打開，大約需要十千瓦

（KW）的電力；一兆瓦等於一百萬千瓦，代表可以在尖峰時間處理十萬戶住家的用電。這將可以創造數以百萬的「生產性消費者」（prosumers），亦即在消費電力的同時生產電力。而下一件期待中的大事，就是能在住家中儲存電力的電池。

數據無所不在

很明顯地，我們活在「大數據」時代。我們的手機、智慧型電度表、各類型感測裝置，以及日益發展的物聯網，一切的一切都在收集並傳遞數據。人們用大數據來預測地震、改良商品行銷，或是提醒健忘的患者記得吃藥。

機器學習（基本上就是透過數據學習並做出預測的演算法）與大小數據結合，就能透過流程優化來降低能源需求，例如超市的冰箱或資訊中心的冷卻系統。若要以更聰明的方式即時且穩定地運用能源，數據運用將會是重要關鍵。

破壞性科技的最後一塊拼圖，就是處理點對點交易的嶄新技術。用於虛擬貨幣比特幣（Bitcoin）的區塊鏈（blockchain）技術就像是一個安全的分散式帳本，記錄著各方的交易。有了這類技術，無需銀行作為中間人，也能安

穩地進行雙邊或多邊金融交易。這樣就可以促成安全的點對點能源交易，我就能將自家太陽能板所收集到的電力直接賣給鄰居，不需透過第三者。

世代連結

改變的不只科技，還有人。人類與能源之間的關係，也有可能隨著價值觀、態度和行為而改變。現在就已經可以看出世代之間的差異。

出生於一九七〇年代末至九〇年代的 Y 世代又稱為「千禧世代」，他們善用科技，對新事物抱持開放的態度，生活與網際網路密不可分。調查顯示，這個世代的人依賴行動科技，對太陽能面板這類技術更感興趣，比起前一個世代的人更願意迎接新能源時代的來臨。

在網路時代出生的 Z 世代，拿著手機闖蕩社群媒體與行動世界，卻在成長階段歷經了全球危機的時代，和越來越頻繁的金融風暴及國際安全威脅。他們意外地勤勉又務實，努力工作，對於社交與環境都表現出負責的態度。這個世代非常能適應創新與破壞，並期待世界能立即做出回應。

改變的動力很重要，能讓我們了解人類與能源的未來

會如何發展。我們已經討論了某些將能源使用變得更個人化的趨勢，就讓以下三個預想情形做為範例，體會一下 Y 世代與 Z 世代未來可能的生活樣貌。

智慧生活

　　想像以下的未來場景。你的時間非常寶貴，因此你將持家的責任外包給某間公司，姑且稱之為「生活回歸」萬事通公司吧。只要每月支付帳單，該公司就會讓你吃飽、穿暖、生活有娛樂、工作有活力，而且想去哪都不成問題。你的家很聰明，你可以跟它對話，請它幫忙訂購生活雜貨。家裡處處都有監控螢幕與感測裝置，讓家中環境時時維持在完美狀態。你住的屋子使用良好的絕緣建材，屋頂有太陽能板，壁櫥裡有蓄電池。偶爾需要開暖氣時，小型的熱泵就綽綽有餘。這些費用通通由這間公司來支付，節約能源省下來的錢還會按時退回你的帳戶。你沒有車，但你的智慧住家通常會知道你何時要出門，並且幫你設想好最佳的交通方式，有時是自動電動車開到你家門口，有時會提醒你下一班大眾運輸即將到站，或者建議你穿上騎腳踏車的裝備出門。當你與這家公司簽訂合約，表示你授權它替你採取行動，包括調

整你所需要的小規模電力供應來源，安排家中的用電需求，好在供電吃緊的時刻即時提供協助。換句話說，你透過代理積極參與能源市場。

在未來，你不僅使用能源，還可以交易能源。歡迎來到點對點能源的世界！從單一供應商取得電力的模式已成過去式，如今你可以直接與其他電力供應者及消費者交易。怎麼交易？屋頂裝了太陽能板，或許花園裡還裝了風力發電機，只要有電池能儲存電力，你家就是發電廠。如果你需要車輛代步，你多半會選電動車。在點對點市場上，交易都是透過以區塊鏈技術為基礎的公共帳本。你可以使用這個安全的虛擬貨幣系統來買賣電力，自行決定交易對象及交易方式。你或許會想趁高價時售出能源，然後低價時買入，賺取豐厚利潤，或是盡情採購綠色能源，都隨你高興。如果不想自己來，可以讓第三方為你規劃投資組合。你傾向在家中增添良好的隔熱夾層，並安裝控管電力的智慧型設備。搭配蓄電電池，你就能調整住家的能源需求，有助於決定家中事情的大小順序，例如先幫電動車充電，還是開暖氣讓家裡溫暖比較重要。在能源市場中，你可以自己決定要投資多少，通常越是積極，收穫就越大。

甚至，你決定不再使用來自發電廠的電，藉此取回對

能源的控制權。為了自給自足，你必須同時考慮電力和熱源，以及其機動性和便利性。你藉著提高家中能源的使用效率，將需求降至最低。家中所有電器都使用直流電而非交流電，可以直接由太陽能板供電。你還添購了燃料電池系統，將居家廢棄物（包含廢水）轉變成電力與熱源，以因應額外的動力需求。至於對外溝通和娛樂，靠行動網路和可以上網的裝置就行了。當你出門時，透過衣物內建的微型太陽能板，還有鞋底的行動集電裝置，從周遭環境收集能源，隨時為隨身電池充電。就算有時候發現電力有點不夠了，你也早已有心理準備，畢竟總是可以開口向鄰居借一點能源。

　　有時候人們會組成團體來管理能源使用的各個層面，這些人可稱為「共同利益社群」或地緣社群（或者兩種性質結合）。前者可集合群體力量換取更優惠的能源交易條件（即所謂的「集體轉換」①），或透過群募支持能源計畫。後者通常是以村莊或城鎮為基礎的在地團體，由地方居民購置並操作太陽能板一類的基礎能源建設，共享能源與收益。有些地緣社群甚至會買下整套地區能源系統，包括供電網路

---

① 編按：集體轉換（collective switching）指團體客戶向電力或天然氣等公共事業進行交易談判，這種做法在英國、愛爾蘭、荷蘭和澳洲很受歡迎。

與供熱網路。

　　要是你沒有居住在供電網路的範圍內,該怎麼辦?全球有六分之一的人口就是處在這種情況。要是你能跳過對全國性供電網路的需求,就像有了行動電話就不裝室內電話那樣呢?感謝所謂的微電網(microgrid),上述假設已經可以實現了。微電網是由分散式電源(例如各戶獨立的太陽能板或其他發電裝置)、儲能裝置、能量轉換裝置,以及相關監控和保護裝置集合而成的小型發配電系統。換句話說,只要有這些設備,就能讓供電網路之外的社群享受基本的能源服務,提供夜間照明,或是給手機之類的行動裝置充電。像這樣的基本服務具有巨大的社會經濟利益。事實上,如果太陽能與電池技術不斷改良並降低成本,將有機會抵消發展全國性電網的需求。如果將微電網、行動通訊與行動網路三者結合,更能一次跨越各國花費數十年才發展起來的供電與通訊網路。其他發展中的科技,例如行動支付系統,讓市民只需手機和生物辨識(例如指紋)的專屬識別碼就能購物,可以完全取代現金使用。在尚未建立全國性供電網絡的國家,這些進展意味著或許永遠無需建造全國性的供電體系。

從全球性角度思考能源的未來

現在讓我們把眼光從個人與社群開始擴大,改以跨洲甚至全球性的角度來思考。當然,能源早已是全球性的重要議題,畢竟人們會在各國之間調動大量資源來生產能源。那電力也可以這樣移動調度嗎?

其實許多國家已經這麼做了,例如多數歐洲國家的電力網路早已彼此連結,甚至英國也透過跨境輸電網(interconnectors,指水下電纜及輸送天然氣的管線)和法國、荷蘭和愛爾蘭互相連結。不過,這個規模有沒有辦法更進一步擴大呢?

由同名基金會主持的「沙漠科技」(DESERTEC)跨洲能源計畫,便是眾人相當期待的超級電網計畫。它的構想是在撒哈拉沙漠內部與外圍建設風力發電、太陽能板發電和聚光式太陽能發電(concentrated solar power, CSP)系統,並透過位於西班牙及義大利的全新高壓直流輸電(high voltage direct current, HVDC)系統,將多出來的電力輸送到歐洲。聚光式太陽能發電的原理有點像是用放大鏡來凝聚陽光,你可以想像滿地的鏡子都面向一座高塔,將光束折射至高塔上的集熱器,可產生攝氏一千度的高溫,足以像傳統火力發電

廠那樣推動蒸汽引擎。聚光式太陽能發電所產生的額外熱能，都會儲存在巨大的熔鹽電池（將熱能導入鹽使其融化）內，之後還可以用於夜間發電。

　　科學家也想像在太空中放置太陽能板，然後將能源回傳地球。這聽起來像是 007 電影裡的陰謀，不過這個「太空太陽能」（space-based solar power, SBSP）構想早在一九七〇年代就有人提出來了。當太陽光照射地球時，約有六成的能量會被大氣層吸收或散射。如果將太陽能板放置在大氣層外，就可以大幅提高太陽能的接收量。一旦想出辦法將太陽能板送上太空，下一個挑戰就是如何將能量傳回地球。透過微波或雷射光束可能是最好的方法。最後，你需要建立某種某種「整流天線」（rectenna），寬度或許要好幾公里，來接受這些光束並將它們轉化為電力。除了將能量光束射向地球之外，還有些關於政治和經濟的小問題，就是誰要來付這些費用，到時能源又歸誰所有……

在途中想像未來

　　以上是對未來能源的走馬看花，所有這些預測細節幾乎一定都是錯的，不過我希望各位能了解，我們與能源的關

係隨時都有可能改變，也許更好，也許更糟。

最後，我想提出一些問題，也希望各位讀者一起來思考一下。

請大家暫時放下心中的懷疑與成見。如果能源可以完全免費呢？如果不再有電線和管線，事情又會變成怎樣？如果你能從空氣直接取得能源，就像用無線網路取得資訊一樣呢？聽來有點誇張，不過並非不可能。免費或非常便宜的能源可以來自超級便宜的太陽能（或許由太空發射回地球）或是其他可再生能源，又或許科學家終於解開了核融合的祕密（在地球的發電廠模仿太陽的運作方式）。此外，無線傳輸其實比你想像的更普遍。電動牙刷和行動電話已經可以使用感應方式來充電，或許可以使用那類技術來傳遞能源。至少我們可以使用微波或雷射光束，遠距離傳輸能源，好比太空太陽能的例子。然而這一連串問題的重點不在於經濟或技術層面的可行性，而是這些假設會如何改變未來我們與能源互動的方式。如果能源是免費的，就像我們呼吸的空氣，人類與能源的關係會發生何種改變？

第十四章

運輸

約翰‧邁爾斯（John Miles）

　　運輸，讓人聯想起巴士、火車、人擠人的機場等世俗意象，若是與人工智慧、人口學、基因工程與超人類主義（transhumanism）這些深具挑戰性的主題並列，躋身於一本追問「人類未來將會如何」等重要問題的書中，不免顯得有些格格不入。然而從歷史來看，運輸對人類生活方式帶來了深刻的影響。只要再運用一點想像力，或許就不難理解，運輸會繼續以哪些可能的方式帶給我們驚喜，並形塑我們未來的生活。

　　一般認為，人類的基本需求可列出一張相對簡短的清

單，包括食物、飲水、住所、針對環境威脅的保護，還有愛。運輸並不在這份清單裡。但是，儘管運輸不在人類的經典「需求清單」之內，對現代文明發展的許多重要階段而言，運輸向來是關鍵的「促成者」。輪子的發明導向獸力車的出現，也因此發展出各種機動運輸方式，這是最簡單也最偉大的例子。道路、運河、鐵路也同樣重要，這些基礎建設讓社會以從來未曾想過的方式蓬勃發展。因此，要想預見運輸的下一步走向，我們必須先了解道路、鐵路和空中運輸的歷史，找出為何運輸對我們今日的生活方式會有如此深刻的影響。

便利運輸系統的三項特質

新型運輸有許多不同的形式，某些很壯觀（例如「協和號」超音速飛機與「阿波羅號」月球任務），某些回顧起來其實非常「普通」（例如運河渡輪與福斯 T 型車）。這些案例顯示，新型運輸對社會發展的衝擊其實與背後的科技複雜度或聰明度無關，而是反映了某些更基本的特質。

讓我們思考所有成功的運輸系統所具備的三項基本特質，第一項是可負擔性（成本）。任何人都可以自行選擇的

事物，除非價格合理，否則就無法滲透至社會大眾的生活中。從這個角度看，可負擔性是成功的運輸系統最明確的要求。其他兩項關鍵特質則是旅程時間（速度）與轉換率（運輸能力）。

運輸發展史上最偉大的推手，或許就是軍方。對軍方而言，只要能夠確保速度與運輸能力的優勢，成本並不重要。所以羅馬人不計成本建造道路，讓軍隊與裝備補給能迅速地在不同基地之間移動。也因為這樣，帝國在城鎮之間創造了連結，後來成為經濟發展的血脈，從最初的區域規模擴大到國家甚至橫跨洲際。類似情況也可見於海運。在上述兩個案例中，一開始都是為了提升軍事優勢而發展運輸，但後續帶來的更大優勢則是對人員與物資移動的全面鬆綁。時間一久，長途貿易日益增加，讓經濟發展從區域性擴展至全國性，更促進了國際貿易。到了最後，我們可以看見陸路與海路運輸系統的發展，與國家、帝國和貿易集團的建立存在著清楚的連結。然而，從軍事需求到經濟推手，兩者之間的過渡並非自然發生。我們只需要檢視超音速客機的歷史就能了解，在某些例子中，明星級的軍事運輸發明不一定會為社會經濟發展模式帶來重大轉變。協和號並不如發明者所期望的那樣成為普遍的旅行方式，這是為什麼呢？

　　在我看來是因為協和號並未能有效地整合上述三種特質 —— 成本、速度及運輸能力。雖然協和號擁有非常大的速度優勢，但是這個優勢不足以抵消每位乘客必須負擔的巨大成本，也無法克服極低的乘客運輸率（每趟最多只能載一百二十八位乘客）。事實上，航空業的贏家是巨無霸客機，因為整體運輸能力越大（儘管速度較慢），每位乘客需要負擔的單位成本就越低。

　　噴射飛行器能非常有效地進行人員長程運輸，不過在物資運輸的轉換率較低。運送貨物橫跨世界最有效率的運輸方法還是海運，每噸貨物的公里運輸成本與每天或每年可載運的貨物總噸數平均下來，運輸性價比非常高，不過在時間方面的得分就非常差了。在飛機出現之前，洲際旅行沒有其他選擇，所以可以橫渡海洋的船隻在人員運輸方面獲得了短暫的成功。不過這樣的旅行是如此漫長，因此除了特別情況外，旅程通常是單向的。海運促成了歷史上多次的移民潮，人們可以從歐洲移民至美國、加拿大、南非、澳洲等地，也允許從殖民地移回歐洲。由此看來，海路旅行對現代社會的發展的確有巨大影響。不過那些都已經成為過去了。船隻永遠無法開啟飛機帶來的雙向移動自由。對不會腐敗的物資而言，旅程時間長短並不那麼重要，因此海運在商業上仍有存

在的價值。貨櫃運輸和體型越來越龐大的巨型貨輪大幅增加了物資的洲際移動，這也成為全球化最巨大的支柱。

成本、時間和運輸能力是很方便的衡量標準，可用以檢視運輸的歷史發展，但或許不適合繼續用來評斷未來的運輸方式。過去，我們選擇搭乘火車通勤，根據的理由可能是因為火車不會塞車，而且我們可以在通勤過程中做其他的事。未來，我們說不定也可以在汽車內工作，透過手機和行動網路彼此連結，還有自動駕駛負責開車，那時也許我們會改變心意。換句話說，行動通訊、車用電腦與自動控制系統的出現與結合，讓便利成為旅行交通的首要考慮因素，而非時間。科技的結合改變了我們對旅行的看法，掀起新一波運輸革命，而且更進一步顯示了數位革命的隱藏力量。

所以，對我們和下一代而言，有哪些因素會形塑未來運輸的可能性呢？

運輸對環境的衝擊

現今英國旅客的平均碳足跡大約是每人每公里一百公克二氧化碳。英國政府全面關注，要大量減少這個數字；不少國家也立法，要在二○五○年前將全國碳足跡降低至一九

九〇年標準的百分之二十。某些形式的能量消耗或許永遠無法達到這個數字（例如航空運輸），所以在道路運輸方面必須得表現更好。那麼，從道路運輸來看，我們能否在二〇五〇年達到一九九〇年標準的百分之十，或甚至達成二氧化碳零排放的成就呢？

多數評論者都同意，長遠來看，內燃機引擎的來日已經無多。充滿想像力的人或許已經看見機會之窗開啟。就在這個時候，特斯拉汽車（Tesla）出現了。二〇〇三年，矽谷一群企業家與工程師團隊從零開始打造出這間公司，他們有強大的願景，要追求零汙染但依舊刺激的個人運輸方式。儘管形象鮮明的企業家伊隆‧馬斯克（Elon Musk）姍姍來遲，但在他加入公司後便推出一系列誘人的電動車，如今即將邁向每年十萬輛的銷售成績。在本文寫作之時，特斯拉的股票價值剛剛超越了福特汽車 —— 不久之前還沒人想得到會發生這種事。這個戲劇化的證據讓大家清楚看到這些新來的「破壞者」作風 —— 這些公司過去未曾參與汽車工業，也拒絕遵循既有的遊戲規則。從早期創業的幾家汽車巨頭穩定成長至今的這七十年間，從未有類似的案例，因為就算再有心，一般企業都不可能有夠深的口袋能挑戰該行業的入行門檻。不過「新創科技公司」和一般企業不同，在矽谷，他們能夠透

過募股取得巨大資源。特斯拉的崛起揭示了某種可能性，無論這個破壞者的挑戰會成功還是終究會破產，都已經對這個傳統產業投下了連續的震撼彈。在這幾年內，幾乎所有汽車大廠都宣示了他們製造電動車的企圖心，相信再過不久就有能力履行承諾。

相較於使用石化燃料和內燃機引擎的汽車，電動車的便利性和運輸能力不相上下，但目前後者的成本遠超過前者。隨著電池價格下降，有可能讓電動車逐漸取代傳統汽車，因此不太可能以戲劇化方式改變我們的社會經濟樣貌。不過破壞者的出現或許在其他某些層面會帶來更大的社會經濟效應，這點我們稍後再談。

大眾運輸與智慧移動

數位革命打破了人們對大眾運輸的刻板印象，「智慧移動」則成為運輸專業人士廣為認同的概念。單靠汽車、公車或火車旅行的想法已經被取代，如今旅行者可自行組合大眾運輸的各種選擇，方便又迅速地來回兩地之間。這種旅行模式向來是交通規劃者所追尋的神聖目標，但是在過去他們飽受挫折，想到要在雨中的公車站牌等上半小時，或是走上

半公里才能抵達最近的地鐵站，多數人都會覺得太累而無法接受。對全世界多數通勤者而言，大眾運輸通常被視為最低階的旅行方式，汽車也因此成為負擔得起的人最標準的選擇（儘管會遇到塞車、停車等問題）。

在智慧移動的美麗新世界裡，大眾運輸有了全新的面貌。旅人資訊系統可以與大眾運輸系統相連接，依照不同人的需求變得更有彈性。不論是搭乘火車、公車還是腳踏車租借，都可以將誤點的機率和不確定性降到最低，讓旅程的銜接更方便也更有保障。這下大眾運輸變成有能力提供迅速可靠的點對點服務，讓人從塞車的駕駛壓力中解放，抵達目的地時也不必再辛苦尋找停車空間。

自動駕駛科技

自動駕駛車輛的快速發展，是破壞者威脅汽車工業既有秩序的另一個領域。諸如 Google、Apple、Uber 等公司的出現，讓競爭局面更為緊張。同樣地，這些公司最終是否能取代既有的汽車大廠其實並不重要 —— 他們已經大大改變了此一產業的發展方向，不論他們做了什麼，都會在未來留下足跡。推出全世界第一輛全自動駕駛車輛的人不僅贏得這場

比賽，更將贏得學術界的讚譽。重點是，這場比賽已經開始，傳統與創新都全力投入研究，成果指日可待。

這個科技顯然擁有改變大局的潛力，原因有二。在多數已開發和發展中的城市，例如紐約或是孟買，塞車問題都很嚴重。政治人物的壓力與公共經費的負擔日益增加，大家都在煩惱如何把道路加寬，或是如何增加鐵路的運輸量。建造新的道路或鐵路不僅昂貴，也會為日常生活造成不便，規劃與執行的時間可以十年為計算單位。經過簡單的計算後，學者們發現自動車可以大幅改善這個情況。透過系統可以更有紀律地管控行車速度、抓準車輛間距，減少因駕駛人分心而導致的交通事故。大眾自動駕駛系統可能會使人們旅行的次數增加，不過自動車帶來的前述益處將可輕鬆抵銷這中間所增加的交通時間。降低塞車程度等於提高運輸能力，不僅無需動用高額經費，甚至不會造成任何不便，這樣的願景確實是應該努力追求。

運輸觀察者應該認真看待自動車的第二個原因是「時間取回」。一旦車輛能自動駕駛，原本駕駛車輛的人就能自由地運用這段時間做其他事，包括和辦公室連線工作、休閒娛樂，或是單純睡覺放鬆。不論做什麼，都能讓這一段交通時間不再那麼無趣。如果在旅途的空檔能多出個人的時間做些

自己想做事，就算車程比意料中更長，也比較不會有壓力。若行程有延誤，自動駕駛系統還可以預先提醒你，並且在途中隨時提供最新的消息。

所以，交通運輸的明日之星究竟會出現在何處？老實說，我不知道。不過眼下有不少非常有趣的候選人，我可以做些有憑有據的猜測。

首先，汽車的至尊地位將會受到威脅（不過倒還不至於完全消滅），開車將不再是短程交通（例如來往城市與郊區）的首選。因為智慧移動系統日趨成熟，能提供更為完善的大眾運輸服務，便利性大大增加，載客量將會隨著需求成長，連帶讓每位旅客的交通成本下降（就像當初巨無霸客機的發明對市場的影響）。想要成功導向這個結果，大眾運輸必須要能提供比私家車更有吸引力的點對點移動方式；以更好的服務來吸引乘客，遠比用罰款威脅人們不准開車更有效果。更好的服務包括提供可靠且無縫接軌的時間表，以及多種交通模式供人選擇，將換乘交通工具的不便減到最低。

再者，人們中距離移動（五至三百公里）將會更依賴汽車。此一前提是自動車問市，意味著我們在移動過程中可以擁有更多個人時間，塞車的狀況有所改善，交通意外的機率也隨之降低，而以上好處都可以在不增加公共經費支出的情

況下達成。自動車並不會改變目前的社會經濟狀態，僅作為緩解當前運輸困境的良方。儘管如此，它仍將會是交通運輸史上重要的發展。

　　我的第三個預測是關於超高速鐵路運輸，也就是所謂的「超迴路列車」（Hyperloop）。有許多媒體報導過相關消息，其前景備受看好。超高速鐵路的構想最初是由伊隆‧馬斯克在二〇一三年提出，其實就是在長長管道內懸浮移動的電動車。想像在兩座遙遠城市之間出現了一種快速的運輸服務，其班次和車程時間皆與都市地鐵或捷運系統不相上下，這會對人們的生活帶來什麼樣的影響？在英國，旅行於倫敦與曼徹斯特兩地所需的時間，或許會比在倫敦搭地鐵北線從滑鐵盧站到埃奇韋爾站還要近。馬斯克也承諾，要讓人們在四十五分鐘之內就能從舊金山前往洛杉磯。超高速鐵路為國家帶來的經濟效應，就像倫敦地鐵或巴黎地鐵對首都交通的影響一樣，其服務範圍內的全部區域將會形成單一而同質的經濟體。這將能解決英國南北劃分的問題，其衍生利益也可以擴散到整個國家。同樣的論點或許也適用於其他中小型國家。但是如同協和號的例子，在縮短旅行時間的同時也得提高乘客量，降低單位成本，才能達到上述的效益。不然超高速列車就會變成專供有錢旅客的高品質交通工具，無法

為社會經濟帶來任何影響或改變。

　　除了上述的想法，我認為未來並沒有什麼能對我們的生活方式帶來天翻地覆的改變。一定會有人發明出低碳排放量或是零汙染的車輛，不過它們本身並不會改變我們的生活模式。海洋運輸科技也會有所進展，儘管成本及載貨量的性價比會越來越高，但是航行時間這個根本的問題卻不太可能克服。所以人們仍繼續使用飛機，海上載客運輸也就永遠無法打敗空中載客運輸。傳統飛行器將會持續改良，但是除非載客量與飛行時間出現戲劇化的改變（前提是不會增加乘客的旅行成本），不然未來的情況可能和現在差不了多少。空中貨運的轉型潛力將會取決於航空器的運輸能力，但要想和巨大的海上貨輪比載貨量……同樣不太可能成真。

　　當然，運輸最後的疆界就是太空（參見第十六章）。既然大家現已熟悉成本、時間和運輸能力這三項特質是如何決定運輸的未來發展，我便留給各位自行思索其中的各種可能組合。無論答案為何，都將對我們生活及移動方式帶來持續而淵遠的影響。

第十五章

機器人學

諾爾·夏基（Noel Sharkey）

　　人類與機器人的未來有許多種可能，某些可以讓人類的生活過得更好，某些則可能導向悲慘的反烏托邦結局。我們目前尚無法得知未來會是何種局面。機器人學的領域充滿了憑空揣測與科幻修辭，儘管各國政府貪婪地寄望機器人可以為國家經濟創造數十億元的收益，但此刻仍有許多迫切的議題需要解決，這個潘朵拉的盒子才有可能開啟。

　　我們已經在機器人革命的關卡徘徊了許多年。從一九五〇年代開始，機器人就已經在工廠工作，替汽車上漆、組裝元件；它們做的多是無趣且反覆的工作，但是速度都比人類快上許多。如今，更新穎的「服務型機器人」（service

robots）數量遠遠超過了它們。這些機器人工作的地點不在
工廠，而是協助人類處理包羅萬象的大小事務，從照護老人
到陪伴兒童，從烹調食物到端送雞尾酒，從居家清潔到農業
耕種；有些機器人用於維護治安與保全，甚至會在武裝衝突
時取人性命，有些則負責監控並補救氣候變遷帶來的損害；
它們的工作範圍還包括動醫療手術、滿足人類的親密需求，
以及保護瀕臨絕種的生物。

　　對機器人產業來說，這是一個相當刺激的時代。新興
的巨大國際市場成為誘因，政府與企業將機器人視為強大的
經濟推力，將大量資金投注於研發工作。許多企業與新創公
司創造出大量嶄新用途的機器人，形成良性競爭，也推動著
整體市場的創新。

　　然而接下來的發展走向將取決於國際性規範的制定，
以及工程師與企業是否能負起相應的社會責任。想要推動機
器人的發展需要消費者的信任；若是失去信任，推廣就會變
得困難，投資人也將血本無歸。

自動駕駛科技

　　二〇〇五年的某個熾熱中午，在內華達州的莫哈韋沙

漠（Mojave Desert），一輛福斯 Touareg 無人駕駛車締造了
閃亮的歷史，贏得兩百萬美元獎金。這輛名為「史丹利」
（Stanley）的汽車，是第一輛在 DARPA 越野大賽車（DARPA
Grand Challenge）①衝過終點線的車。這趟賽程穿越了兩百
一十二公里的沙漠道路，花了六小時五十三分鐘又八秒才跑
完。另外還有四輛自動駕駛車也接連完成比賽。

　　史丹利跨出了機器人研究的一大步。在前一屆挑戰賽
中，十五位參賽者所跑出的最佳距離大約十一公里，距離
終點線還有兩百公里。此次獲勝的團隊很快就被 Google 買
下，開啟了著名的 Google 自動駕駛計畫。

　　現在，許多公司都投入這項競爭激烈的新型運輸市
場。澳洲北部有自動駕駛的卡車每天在礦場運送材料；農業
利用自動駕駛的牽引機讓食物生產更有效率；美國、丹麥、
日本都在測試自動駕駛巴士的穩定性；Uber 讓自動駕駛的
車輛加入它在美國的計程車車隊。當然，在可預見的未來，
這類自動駕駛車輛仍會有人類坐在車上擔任協同駕駛，以便
在必要時即時介入。

---

① 譯按：由美國國防高等研究計畫署（Defense Advanced Research Projects
　Agency, DARPA）於二〇〇四年起主辦的研究競賽。

　　推動自動駕駛發展的主動力在於人們相信自動駕駛車會大幅降低道路死亡率，因為自動車運用感應器偵測其他車輛與行人的位置，比人類的反應更迅速可靠，也更容易操控或迴避。除此之外，自動車不會昏昏欲睡，不會喝醉，也不會因為後座的小孩哭鬧而分心。

　　但不是所有人都如此相信。內華達州修法允許自動駕駛車上路後，該州公路巡邏隊成員亞倫表示：「如果要讓機械設備全權決定你的車速和他人的安全，那確實讓人感到憂心。」雖然自動車的意外事故仍屬罕見，但確實也曾發生嚴重錯誤及數次致死的撞擊。自動車的隨行「駕駛人」必須保持警醒與注意力，才能在發生預料之外的情況時及時接手，例如出現臨時道路標誌，或是遇上只能有人類能理解的障礙，譬如警察向駕駛示意減緩車速好避開前方道路上的事故。但是駕駛人在數小時內除了觀察什麼也不做，這會導致自動化偏誤（automation bias），亦即駕駛人會信任並依賴車輛，以致於危險發生時未能及時反應。

　　此外還有關於道德上的問題，例如，當自動駕駛車面臨必須抉擇的情況時，它該撞上騎腳踏車的老人，而非另一輛載著懷孕婦人和兩個孩子的車？或者它該避開兩者，轉彎撞上一堵牆並殺死自己的乘客？儘管這些問題很有趣，但遠

非目前車輛自動偵測系統所能處理的事。除了偵測的準確性，車輛還必須「知道」道路表面是否有潑灑東西之類，或是感知器無法偵測出來的東西。這對自動車來說簡直是不可能的任務。

研究者還需要好幾年才能克服這些困難和條件，但我們可以期待到了二〇五〇年，高速公路就會有很大的變化。如果我們將人類完全屏除在決策之外，讓車輛直接彼此溝通，同時連線道路上的偵測器來警告彼此前方的路況，或許真能大幅降低事故發生率。當然，唯一的缺點是這些車輛仍有可能被駭客入侵。

住進家裡的機器人

其實我們很多人的家裡已經有機器人了，它們並不是像科幻小說中那種長得像人一樣的僕人，它們不是C-3PO②，反而比較像長了輪子的胖胖飛盤，執行很少人想做的無趣任務，例如吸地板、清洗窗戶、拖地、疏通水溝、處理下水道等。

---

② 編按：電影《星際大戰》系列中的人形機器人角色。

　　根據國際機器人聯盟（International Federation of Robotics, IFR）統計，二〇一四年全世界總共售出四百七十萬個家用及個人機器人。到了二〇一五年，數字增加到五百四十萬，市值高達二十二億美元。這個巨大的全球市場未來只可能持續增加。IFR 預測，在二〇一六至二〇一九年間，市場將會售出四千兩百萬個機器人（這還只是保守估計）。

　　未來的家中應該可以看到越來越多機器人接手處理家務，例如打掃和洗衣服。現在還有會燙衣服的機器人、會折毛巾的機器人，以及能拾起待洗衣物放入洗衣機、洗完後將衣物取出的機器人。這些機器人還沒準備量產，但我們可以期待，再過二十到三十年（或是更快），它們就會出現在我們的家中。

　　專業烹飪機器人（例如製做漢堡、比薩或壽司的機器）的性能已有長足進步，當然也有機器人能以不可思議的速度調製雞尾酒。我們可以預測在接下來的二十年間，機器人的價格將會迅速下降，以便提供居家使用。

　　我把這些歸為機器人學較「無趣」的部分，因為這些機器人負責處理生活中占去我們大部分時間的雜務，一些比較無聊且重覆的日常工作。不過這對人類來說可不無趣，我們能舒服地坐在沙發上，讓機器人與「物聯網」連線，自動

幫我們處理這些工作（參見第八章）。不過有個大問題，除非你住在宮殿或豪宅，不然家中根本沒有空間擺放這些機器人。要讓它們真的發揮用處、為人所用，下一步就是發展集多項功能於一身的綜合型機器人，但目前看來似乎還沒有研發的跡象。又或者未來的智慧住宅會將機器人融入電器設備，內建於房屋結構中，例如電鍋能偵測到你在二十分鐘前就出門了，於是自動關掉還在燒著煎鍋的爐火。

提供照護的機器人

過去十年來，用於照護的機器人數量快速增加。根據 IFR 統計，二〇一四年協助照顧長者與身心障礙者的機器人數量較前年增加了六倍。如果處理得當，機器人將會帶來非常正向的效果；反之帶來的負面衝擊也會相當嚴重。

我們需要警惕的是機器人「保母」的發展。亞洲有不少製造商企圖實現這個夢想。這些機器人配備電玩遊戲、猜謎遊戲、臉孔及語音辨識系統，再加上有限的交談功能來捕捉學前兒童的注意力，視覺及語音監控功能則是設計來避免兒童受傷。這些機器人對忙碌的職業家長來說非常誘人，而且價格也越來越合理。某些家長已經購入了比較便宜的版本，

例如售價大約兩千英鎊的凱蒂貓機器人。

　　社會人口結構日益老化，創造了更大的動機來發展機器人，協助照顧體弱的長者。日本開發出多款照護機器人，並已準備好提供服務，包括西科姆（SECOM）株式會社的 My Spoon 自動餵食機器人、三陽電機的沐浴機器人（幫忙洗澡並擦乾）、三菱集團的 Wakamura 機器人（遠端監看、傳達訊息、提醒吃藥），以及日本理研所的 RI-MAN 護士機器人（能抱人並遵循簡單的聲音命令）。有相似人口老化問題的歐洲和美國也正加緊跟上日本的腳步。

　　任何急速崛起的科技都必須考慮隨之而來的可能風險與道德問題。針對兒童與長者設計的機器人應可為人們帶來許多方便與好處。機器人提供的輔助性照護，可以讓罹患失智症或其他腦部老化症狀的長者有獨立生活的機會，或是讓行動不便或患病虛弱的長者不必長期待在安養中心。此外，已有研究證實某些機器人可以滿足特殊孩童的需求。

　　機器人本身具備的吸引力讓它們成為良好的互動工具，可以激發兒童對科學工程的興趣，或是促進長者之間的社交互動。不過真正該擔憂的對象是非常年幼的孩童與非常高齡的長者，他們的基本權利是否會因此被侵犯或犧牲。社會有責任照顧所有公民，不論年紀大小，甚至在道德責任上

應盡力確保每個人的情感與心理健康。前瞻未來，會看到許多機器人執行「協助」照護的任務，而我們必須謹慎地讓人類負起照護的「實際責任」。

武裝衝突與維護治安的機器人

　　全世界的軍事武力都寄望機器人能在武裝衝突中提供協助，各種良善的用途包括拆除炸彈、從戰場上救回受傷士兵，或是提供詳細的空中監測資訊。

　　但不可否認的是，各國軍方也都致力發展自動武器，無需人類監督即可殺死人類。根據美國國防部表示，所謂的「自主武器系統」一旦發射就會自動選定目標並與之交手（武力攻擊），無需人類介入或進一步控制。中國、俄羅斯、美國和以色列都爭相發展無人駕駛的自動坦克、戰鬥機、潛艇與船艦，計畫將它們運用在集體戰鬥上。

　　這類武器挑戰了國際人道法律（例如日內瓦公約等戰爭相關法律），成為國際安全的重大威脅。先不談戰爭本身是對是錯，許多人認為將人類的性命交由機器決定，在道德上是錯誤的。在過去幾年，我與許多非政府組織及諾貝爾得主組成大型國際聯盟，在聯合國會議上努力倡議並成功推動一

項新的國際協約，來禁止這類機器人的發展與運用。

　　不過這項國際協約僅適用於武裝衝突，不包括非軍事性的治安維護。近十多年來，警方運用機器人協助拆除炸彈、釋放人質、街頭槍戰、監控疑犯、收集情報等。在這些情況下運用機器人看似合情合理，但人權倡議者卻對日益增長的武裝（非致命武器）機器人風潮深感不安。「沙漠之狼」（Desert Wolf）這間南非的戶外用品公司從二〇一四年開始販售臭鼬防暴直升機，配有四組漆彈槍，每秒能發射八十顆辣椒彈；持續成長的市場需求讓該公司在阿曼和巴西都增建了廠房。武裝民用無人飛行器也迅速擴散。在美國，北達科他州最近通過了一三二八號法案，允許警方在四軸飛行器上加裝所謂非致命武器，例如電擊槍（不過電擊在某些情況下也可能致命）。

　　美國其他地區的警力也一直在發展並改良武裝機器人。第一起武裝機器人奪命事件發生在二〇一六年七月，對象是一名狙擊手 ③。這個事件有明顯正當的理由，法界專家也都認為當時的做法合乎法理。不過當人們這麼做時，可能已經跨越了某條紅線。我們需要保護警員，維護治安也應該盡可能使用非暴力的方式。一旦這些方式無效，就需要依據犯行漸進且合乎比例地調升施力手段。對於自動化機器人

來說，這將會是巨大的挑戰。

為了武裝衝突所發展的自主武裝機器人，也許有一天會回過頭來糾纏我們自己。在恐怖攻擊這類威脅下，政府或警方可能會部署大量的機器人來「保護」平民，或是做為追蹤與識別大量嫌疑犯的必要工具。只要威脅一天不消失，要捨棄這些機器人將變得越來越困難。在任何社會裡，機器人可以賦予警方龐大的力量，也可能輕易就被濫用，而那不會是我們想看到的未來。

偷走工作的機器人

不少媒體報導，人工智慧和機器人將在近幾十年內造成許多人失業。在二〇一三年，學者預測美國百分之四十七的工作會在二十年內電腦化；二〇一四年，德勤（Deloitte）諮詢集團在英國、瑞士和荷蘭等地的調查也顯示出類似結果。英美及義大利等國的各大銀行紛紛表示嚴重擔憂。

---

③ 編按：事件是發生在美國達拉斯市的槍擊案，一名非裔退伍軍人在一場抗議活動結束後埋伏狙擊現場警員和平民，最後警方利用一輛綁著炸彈的遙控機器人將歹徒炸死。

　　有解決的辦法嗎？沒有。不過多少可以改善這樣的情況。某些人認為，機器人的存在是為了「補足」人類技能的不足，應該用來取代或協助部分工作，而非全面取代。不過機器人的製作成本急遽下降，加上能勝任的工作種類急遽增加，還是可能讓許多人失業。

　　往後許多職業將被機器人取代，我們該如何處理這樣的情況？微軟公司創辦人比爾‧蓋茲（Bill Gates）建議應該對機器人徵稅，稅款則做為全民基本收入（見 139 頁註釋）的基金。儘管不少國家正在進行相關的社會實驗，但目前尚未有任一國家將全民基本收入納入政策中。

　　機器人的普遍化很可能會導向反烏托邦的未來，讓許多人陷入貧困與饑寒交迫；也有可能會實現烏托邦的願景，讓人人有更多自由時間做自己想做的事。只有時間才能證明一切。

修復環境的機器人

　　隨著氣候變遷（參見第三章）帶來的衝擊，我們可以預期現有的糧食系統與淡水資源將不足以供應全球日益成長的人口。好消息是，機器人可以幫忙減緩並預防某些災害。

　　自動化潛水艇能前往人類到不了的地方，例如在海底噴泉尋找能解答全球暖化的重要線索。加州蒙特里灣水族館研究中心（Monterey Bay Aquarium Research Institute）的海洋生物學家是此類尖端研究的先驅，他們的水下航行器「典範號」（Paragon）每天都深入海中進行前線研究工作。

　　新加坡國家水務局與研究機構合作開發機器天鵝來監控水庫水質，包括測量水的酸鹼質、溶解度、渾濁度與其中的生物化合物。另一項計畫則是要發展成群的微小機器海龜，來進行海洋環境監控並減少輪船或管線漏油的衝擊。全世界還很多團體都在研究潛水機器人系統，用以診斷珊瑚礁的受損程度並進行修復。這些所謂的「珊瑚機器人」（coralbots）是專門設計用來辨認珊瑚，與其他海洋生物有所區隔。珊瑚機器人會像蜜蜂與螞蟻那樣成群結隊工作，修復那些因拖網漁船或颱風等自然災害而受傷的珊瑚，將它們重新拼接好繼續生長。

　　在美國密西根州立大學，機器魚群正在想辦法將五大湖恢復原狀。它們透過水下無線通信彼此溝通，為管理者提供穩定的水質資訊。這群機器魚配有感應器，能記錄水的溫度與含氧量，同時偵測有無汙染物。

　　蘇格蘭海洋科學協會（Scottish Association for Marine

Science）一直在研究客製化的無人飛行載具（Remotely Piloted Aircraft, RPA），藉此調查世界上最危險、最難抵達的北極冰原，了解融冰的原因。這些遙控無人機使用雷射測距儀和照相機來測量並拍攝極地區域的冰河，為冰河專家搜集珍貴的研究資料，進一步了解全球暖化的原因。

　　機器人還有一項重要的工作，就是偵測嚴重威脅人類與生態系統的化學物質外洩，例如原油外洩、油管破損造成的甲烷外洩，以及有毒化學物質輸送管線的破損。此外，偵測水管外洩也同樣很重要。世界上有將近百分之二十五的珍貴飲用水都是因此而流失的。在阿拉伯聯合大公國，無人機會來回巡邏並偵測有無水管漏水情況，將水資源的浪費降低至百分之十。

　　機器人科技的應用還能讓糧食生產更有效率，同時降低對耕地環境的耗損。無人機可用來測試作物成熟度，以免過早或過晚採收造成浪費；自動農業機具可以大大提升收成效率，也能更有效地運用能源。

　　保護環境的同時提高作物生產力，也許會是未來機器人最重要的任務。只要有足夠的資金及跨國合作的決心，這些機器人將能成為人類的救星。

我們與機器人的未來

在未來數十年內，機器人會對人類生活帶來什麼樣的
衝擊？前述種種僅涉及部分領域，還有很多是我們根本無法
想像的。不過看完這篇文章，你應該可以了解要預測機器人
學的未來有多困難。某些未來預測或許極度灰暗且反烏托
邦，其他則是過度樂觀的美好烏托邦。世界各國政府才剛開
始注意到伴隨機器人而產生的重要議題，歐盟最近才針對一
份關於機器人立法形式的報告進行投票表決。不過，無論有
什麼新的法律與規範，最終還是得靠每個人從消費者或公民
的立場，關注機器人學的發展，確保人類與機器人能擁有雙
贏的未來。

未知的未來

時空旅行，外星移民，宇宙生命

第十六章
星際旅行與太陽系移民

露易莎・普瑞斯頓 (Louisa Preston)

　　人類自從西元兩千年就開始在太空中生活,儘管這個聚落從未超過十個人。國際太空站(International Space Station, ISS)是我們在地球之外的第一個前哨站,是一顆繞著地球公轉、有人居住的衛星。直到二〇一七年,人類仍未打造出任何建築於陸地的太空聚落。儘管如此,人類終究會前往銀河系的其他部分定居,這不僅僅是科幻小說的主要命題,更已成為人類命運的一環,甚至發展成人類用以衡量自己未來是否成功的標準。人類飛上太空,是為了更加了解自己在宇宙中扮演的角色。不過這不是唯一的原因。也許有一天,地球將再也無法承受不斷增長的人口。人類要想生存,

同時保護與我們共享這個星球的其他生命體，不得不往太空發展。此外，太空中充滿有用的物質與能量，可以提供近乎無止盡的資源補給。但在我們能利用那些資源之前，還需要提升文化與科技的水準。

想盡辦法飛入宇宙

當我們越了解宇宙有多大，或至少開始體會到這一點，就越了解人類這個物種還有很大的進步空間。我們無法改變自己與最近的星系之間的距離 —— 最近的半人馬座南門二星系（Alpha Centauri）距離我們四點三光年，或者說四十兆公里遠。如果用我們目前速度最快的太空船 —— 秒速將近十八公里的航海家一號（Voyager）—— 也要七萬年以後才能抵達目的地。套用《星艦迷航記》（*Star Trek*）的史考特中尉的話：「我們辦不到啊，艦長，我們馬力不夠啊！」因此我們的目標就是要讓技術趕得上理論，以更快的速度將人類推入宇宙更深處。那麼，我們該從哪裡開始？

我們「傳統」的星際交通模式是使用化學火箭 —— 利用化學燃料來產生氣體，然後透過火箭超音速噴嘴加速排放氣體來增加推力，將火箭推向外太空。科學家在短時間內無法

改良這些設計，這已經是目前用化學反應所能製造的最大能量。雖然目前的火箭設計無法帶我們去宇宙探險，不過仍舊可以帶我們抵達太陽系內的目標星球，只是要如何在合理航行時間內抵達又是另一個問題。

還有另一種方法，就是使用電熱引擎（electrothermal engines）。不過它產生的推力相當小，僅適合在太空中無重力的狀態下使用。從一九七〇年代以來，科學家將電熱引擎安裝在衛星上，便於導正方向。這不會是我們用來探索銀河系的首選。

未來或許有機會看到「離子推進器」（ion drives）和「太陽帆」（solar sails）推動我們穿越太空。離子推進器是讓惰性燃料與正電荷或負電荷結合，也就是離子化，並且透過電場加速由太空船後方射出。它最初產生的推力非常弱，但若執行長程任務，它的每公斤燃料能提供比化學火箭多十倍的推力，讓我們在三十九天內抵達火星，不像現在需要六到八個月。離子推進器目前裝配於正繞著穀神星（Ceres）軌道運行的曙光號（Dawn）太空探測船上，使它成為第一艘成功繞行多個太陽系天體軌道的探測船。另一方面，太陽帆的運行原理是捕捉來自太陽的光壓（輻射壓）以產生推力。只要擁有足夠巨大的太陽帆，太空船最終能在不攜帶任何燃料

的狀態下達到不可置信的速度。不過當它日漸遠離太陽系，隨著陽光無可避免地減弱，可用的推力也會降低。因此它還是需要額外的燃料，才能讓太空船保持在航道上，並且在抵達目的地時讓太空船減速。

　　其他可能幫助我們跨越銀河的選擇包括電漿引擎（plasma propulsion engines，基本上就是高辛烷值的離子推進器），還有以核分裂、核融合或核脈衝為動力的引擎——後者企圖有效地重現太陽的動力，而可行性最低的則是反物質引擎。反物質（antimatter）是由次原子粒子構成的物質，其電荷與正常物質內的電荷完全相反。這代表一旦反物質與正常物質接觸，兩者會互相抵消並釋放出巨大而純粹的能量。在目前所有科學研究中，這個過程能帶來最大的能源轉換效能。所以如果將反物質當作能量使用，就能創造出最有效率的推進系統來完成星際旅行。二〇〇六年，美國太空總署先進理念研究所（NASA Institute for Advanced Concept, NIAC）資助了一個團隊來檢視反物質動力太空船的可行性。他們計算出只要萬分之一公克的反物質，就足以讓太空船在四十五天內抵達火星。但問題是，要如何產生足夠的反物質作為燃料？迄今全世界所有實驗室創造出的反物質加起來，只夠煮沸一杯茶。

地球以外的家

　　我們打造的太空船越快、力量越大，抵達其他星體的機會就越高，最終目標就是建造一艘能以接近光速的速度載著船員飛向太空的飛船。這有兩個明顯的優點，第一點顯而易見，這段旅程會耗時較少，只需幾年就能到達附近的行星。第二個優點是，如果你航行的速度是光速的百分之九十九點五，根據愛因斯坦的相對論，時間本身就會變慢為原來的十分之一。所以在橫越一百光年的星際旅程中，太空人只會老十歲。但缺點就是，當他們回到地球時，他認識的每個人都老了一百歲。像這樣的船隻需要力量強大到難以置信的推進引擎，也需要極其堅實的護盾來保護船身，承受小行星和太空垃圾的高速撞擊。從另一個角度看，與其努力變得更快，或許我們可以放慢腳步，好好利用這趟旅程的時間。假設太空船以百分之零點二的光速前進，便能在一萬年之間抵達好幾個行星，而人類將會在這樣的「世代飛船」（Generation ship）上繁衍一個又一個世代。

　　世代飛船要載著數千位乘客撐過數千年嚴苛的太空生活，不僅要夠堅固，還得完全自給自足。所有人類賴以維生的能量、食物、空氣、水，以及值得信賴的電腦系統，完全

由船上的「居民」來維護。船員以家庭為基本單位，孩子會在船上出生並受訓，準備有一天接手他們父母和祖父母的工作，維護並駕駛太空船。除了要克服硬體設備的技術問題，這些人同樣要面對重大的生物、社會和道德困境，尤其是關於自我價值的實現或規劃 —— 開創世代將無法活著看到自己的任務完成，中間世代則註定在過渡狀態下度過一生，死前無法看到努力的實際成果。在「中間世代」出生的孩子要如何感覺並面對自己被迫在這樣一艘船上生活的事實？

要解決這個問題，也許另一個方法會是更好的選擇，那就是讓多數或所有船員在睡眠艙內進入冬眠或假死狀態。這樣一來，所有人都能活到旅程的終點。或是設計某種攜帶胚胎的星際船，將冷凍或休眠狀態的人類胚胎或 DNA 運送到目的地。但是這個方法顯然有漏洞，抵達目的地之後，誰要來養育這些人類胚胎？所以果然還是航行時間與人類生命週期相當的太空船最恰當。

理論物理學家弗里曼・戴森（Freeman Dyson）就構想了這樣一艘船，他稱之為獵戶座計畫太空船（Project Orionship），動力來自核融合或核分裂。或者，我們可以建造以太陽能為動力的太空船。由已逝世物理學家史蒂芬・霍金（Stephen Hawking）、Facebook 創辦人馬克・祖克柏（Mark

Zuckerberg）、俄羅斯富商尤里・米爾納（Yuri Milner）與美國太空總署合作的「突破星擊」（Breakthrough Starshot）任務，計畫打造一個由光能推動的迷你機器太空船原型機。太空船的主體只有晶片大小，外接超薄太陽帆，速度可達光速的百分之二十，比現有的所有無人太空探測船都更快。研究團隊計畫在二十年內發射這艘太空船前往南門二星系，以這樣的速度來看，需要二十年才能抵達目的地。

　　或許等待科技趕上我們對宇宙的渴望不是唯一的選擇。說不定科幻小說已經找到答案了？我們可以追隨《接觸未來》（Contact）與《星際效應》（Interstellar）這些電影的旅行思維，「只要」找到蟲洞就好了。無論這聽來多麼不可能，但我們都無法完全否認透過蟲洞通道隨意跳躍宇宙的理論可能性。然而，就算我們確實發現了一個蟲洞，目前仍沒有證據證明這個方法確實有用，或是對人類這樣脆弱的生命體算不算得上安全。

脆弱的人類

　　除了科學技術的發展與巨額的花費，人類的太空探索計畫還有另一項挑戰，亦即人類脆弱的身體是否能承受如此

漫長的旅程。假如未來的太空旅行者必須長期或甚至無限期地在太空中滯留並且求生，我們就得了解太空旅行對人類的生理系統會造成什麼樣的影響和衝擊。這需要在實際狀態下測試，而實驗對象就是暫時住在國際太空站上的太空人。

人類需要太空船上的人造維生系統提供空氣、水、食物，以及維持船艙內舒適的溫度與壓力，還需要厚實堅固的外殼抵禦宇宙輻射和直衝而來的小隕石及太空垃圾。儘管科幻小說描寫的太空站有堅固的旋轉結構能藉由離心效應來產生人造重力，但是這種太空船規模太大了，目前尚未能建造出來。所以，在太空中缺乏重力這件事，仍舊是太空人必須處理的首要健康問題。

人類身體對於失重狀態的適應能力其實相當不錯，但在太空中生活越久，失重對身體的影響就越深。在太空站上的太空人處於微重力（Microgravity）狀態，代表他們的身體不再需要努力對抗地球的重力，自然會變得放鬆，結果反而讓肌肉逐漸萎縮、鈣質隨著尿液流失而導致骨質疏鬆等。在太空中漂浮看來很輕鬆、很有趣，但如果太空旅行者只是成天飄浮的話，最終會虛弱而亡。他的脊椎會因為在太空生活而被拉長（平均可以長高二點五公分），還會因為體液逆流而出現臉部浮腫，甚至擠壓到眼睛而產生問題。幸虧一旦

回到地球、腳踏實地之後，這些症狀多半都能恢復。不過，萬一在漫長甚至跨越世代的太空旅程中沒有這個選項，或是未來定居的行星重力比地球更小，該怎麼辦？

　　另一項同樣重要的條件是心理健康。生活在宇宙中，第一個要面對的挑戰就是如何長時間生活在狹小的空間中。太空人要忍受孤獨、疏離、單調的作息、活動受限、睡眠受到干擾、個人衛生條件不佳，以及和同一群人每天面對面。個人空間和隱私在外太空可是很奢侈的。目前最佳也是唯一的典範就是國際太空站，其規模大概等於一間有五、六個臥室的房屋。要「關」在室內六個月或更久，不論心理或生理上都不容易調適。所以人們假設並且希望，未來任何長程太空任務所使用的飛船，都要比國際太空站的規模更大。太空生活每天都有風險，這樣的精神壓力可能造成憂鬱、失眠、焦慮、人際衝突，甚至精神疾病。然而太空人和跑遠洋的水手一樣，早已知道自己必須面對樣的情況，也會事先做些心理建設。

　　大家應該都能想像，一包包的脫水太空食物有多乏味，而且調味料只有胡椒。太空冰淇淋和真正的冰淇淋完全無法相比！糧食種類有限，每天吃的菜色都差不多，長期下來有可能導致太空人沒有胃口，食慾不振，攝取的熱量和營

養太少，導致體重下降及營養不良。所以任何長程星際旅行都需要大量新鮮好吃的餐點選擇，這不僅僅是為了滿足口腹之慾而已。

外星前哨站

讀到這裡，讓我們暫停腳步，體會一下人類朝著未知的未來至今已經走了多遠。自從一九六一年尤里・加加林（Yuri Gagarin）首次進入太空，我們接著將人類送往月亮，將探測機器人送往金星與火星；我們檢視了最大型的小行星，拍攝了木星與其巨大衛星的特寫照片，飛越了土星環和土衛二（Enceladus）的冰冷噴流；我們拍攝了天王星和海王星的詳細照片，終於揭露冥王星真實冰凍的美；我們甚至跳上了移動中的彗星一探究竟 ①。我們對太陽系的探索讓我們做好準備，開始認真考慮在地球之外建立一座自給自足的聚落。但根據我們目前的科技，不論在太陽系何處建立新

---

① 編按：歐洲太空總署於二〇〇四年發射太空探測器羅塞塔號（Rosetta），二〇一四年追上小彗星 P67，展開為期兩年的探測工作，傳回了許多珍貴的照片，最後於二〇一六年撞上彗星自毀，光榮卸任。

基地都會是巨大挑戰。要想讓數百甚至數千人在充滿威脅的環境中存活，就需要克服這些挑戰。

月球

就現階段來看，移民的目的地越接近地球，成功機率越大。人類的第一個停靠站或許就是月球 —— 它是在地球重力範圍之外最適合堆放材料、裝備和人員的駐地。對航太科技與太空船的研發來說，這裡也是最實用的測試平台。月球基地能增加我們派遣任務團隊前往火星或深入太空的能力，甚至有潛力發展太空旅遊業。不過別把這一切想的太容易了，尤其月球的重力只有地球的六分之一。在真空的月球表面該用哪種建築材料，該如何強化建築物的結構，才能承受得住撞擊速度每秒十公里的小隕石，以及兩百七十度的極端溫差（從攝氏一百二十度到攝氏負一百五十三度）？

未來生活在月球上的人只能生活在這些建築物裡面，因此必須提供可呼吸的加壓空氣、水和可種植食物的環境，還要保護人們不被太陽輻射烤焦，並且在持續長達（地球時間）兩週的夜晚提供照明、溫暖和動力。在二○○九年，印度的「月船一號」（Chandrayaan-1）探測船在月球北極附

近發現了超過四十個永遠處在黑暗中的隕石坑，裡頭蘊含了估計六億噸的水冰 ── 這對月球殖民來說是非常珍貴好用的資源。只要將百分之九十的水冰循環再利用，製造出二氧化碳灌入溫室，讓植物能行光合作用製造氧氣，這樣就能形成一個自給自足的棲息地。

火星

　　雖然月球離我們比較近，但似乎火星才抓住了人類的想像力，並被視為未來人類殖民的基地。企業家伊隆・馬斯克（Elon Musk）計畫要在接下來的五十到一百年間，運用 SpaceX 航太科技公司的行星際運輸系統（Interplanetary Transport System, ITS）將一百萬人送上火星。自動探測車已在火星上進行地毯式搜索四十年，不僅教我們更了解地球的歷史，並讓我們預先知道火星地表有什麼在等著我們。「火星」聽起來感覺炎熱嚴峻，其實有著太陽系中除了地球之外最溫和宜人的環境。假設人類能克服各種物理障礙 ── 包括將近三百天的航程、強烈輻射、長期處在微重力狀態，與極度危險的降落過程（目前無人探測器在火星安全且完整降落的成功率不到三成）── 順利抵達這顆紅色的星球，那麼在

此建造基地將是合理的目標。一旦成功登陸,我們可以預期火星的環境會比月球更友善,建設起來也會相對容易。

　　火星上的一天長度與地球上的類似,地軸傾斜的角度也和地球相當,因此創造出類似的季節更迭。而且火星有大氣層(儘管相當薄)、水冰和可居住的環境,不過這樣的氣候正是我們需要克服的主要挑戰。火星大氣的組成成分有百分之九十五是二氧化碳,對人類有毒,而且大氣壓力比較低(只有地球的千分之六),所以人類無法不靠任何裝備直接站在火星地表。此外,火星重力只有地球重力的百分之三十八,表面溫度極低,而且沒有液態水體。那麼,我們要住在哪裡?除了在地表搭建那老套的充氣圓頂居住艙,其實還有隕石撞擊坑及遍布地底各處的熔岩管;後面提到的兩個選項方便我們建造出更大型並且適合長期居住的建築結構(也是在火星上生存的真正唯一方式),可以提供相當好的保護。這些結構可透過一系列任務分階段完成,就像當初建造國際太空站一樣。這些「火星住宅」從啟用的第一天起就要能自給自足,要可以種植食物,抽取水分並製造氧氣。所以,第一批火星移民除了人類還有植物,兩者將會是完美的好夥伴,彼此交換二氧化碳和氧氣一起活下去。

金星和冰冷衛星

　　雖然火星看起來很完美，我們還是不能忽略其他更有趣但顯然有技術困難的移民候選行星。要想登陸金星，已經遠遠超越人類今日科技與生理構造的能力範圍。人類脆弱的身體一登上金星就會立即遭受九十二倍標準大氣壓力的碾壓，同時被攝氏四百六十五度的高熱火化，吸入的最後一口氣則是有毒的瓦斯，絕對撐不過十秒就會死亡。活在金星又熱，又毒，又慘，又短命。不過，若有辦法善用金星的極端環境條件，我們可以在金星上建造一個空中之城。距離金星地表大約五十公里處，那裡的大氣壓力與地球海平面相同，氣體組成成分也差不多，溫度略高於攝氏零度。如果真的有辦法蓋出這樣的住宅，人類就能帶著氧氣面罩出外探險，俯瞰下方的金星雲層。

　　另外兩個令人感興趣的候選者，不是木星和土星這兩顆巨大氣態行星，而是其眾多衛星之中的兩顆。木衛二（Europa）寒冷的表面（攝氏負兩百二十度）其實相當適合建造基地（可以參考南極基地的建造與生活模式），但木星的磁層以致命的輻射轟炸著木衛二，會對人類生命造成嚴重威脅。因此基地的最佳位置要不是在木衛二冰冷的地殼下

方，就是在木衛二背對木星的區域；這兩處接收到的輻射量最少。在土衛六（Titan）上，移民者不需要穿著加壓太空裝，只需要氧氣筒和相當溫暖的衣物。厚實的大氣層讓站在土衛六表面感覺就像在地球的游泳池中潛水。這裡的風景和地球很像，也有平地可供建造基地。更令人興奮的是，此處擁有豐富的維生資源，包括水冰。

結語

　　若以目前科技水平做為起點，我們很難預想太空探索的中長程發展會是如何。在某些程度上，我們必須區分可能發生和極可能成真，區分幻想與實務上可預見的發展，區分科幻小說的情節和科學事實。我們需要發明更好的推進動力來克服距離所造成的障礙。創造劃時代的太空船艦來執行任務，同時研發機器人向外探索充滿潛力的移居地點，這些願景背後代表的是龐大的投資資金與耗時多年的研究工作。篩選適合居住的星球可不容易（而非篩選移居人選，那是之後的問題），想想看，即使是地球上一項單純工程開發計畫，都需要實景場勘、環境分析等前置作業。

　　我們可以確定的是，太空探索既危險又昂貴。人類很

脆弱，容易受傷害，對生存環境很挑剔，需要食物、水和氧氣，對空間環境容忍度很低，而且不願意拿性命去冒險。相反地，我們忠實的探索機器人對很多事情都比較不挑剔，而且不需要水和食物就可以支撐數十年，結構比較堅固，需要的保護相對較少。所以我們使用這些聰明的機器來進行太空探索。多虧有人類，它們也變得越來越自主又能幹。這些機器人告訴我們許多關於月亮和火星的事，為我們親自示範登陸後會遭遇到什麼問題，並且深入尋找解決方案。然而太空人在執行或操控上擁有更多的彈性和啟發性，我們的好奇心遠勝過任何機器人（至少就目前為止來看）。在太陽系各處甚至太陽系之外，可能有數百甚至數千個宜居環境等待人類去開發。我期望人們探索世界的渴望不僅成為太空探險的推力，更幫助我們思考如何讓自己的故鄉 —— 地球 —— 一直這麼美麗並且適宜人居。

第十七章

末日啟示

路易斯·達奈爾（Lewis Dartnell）

「沒有存檔的一切都會遺失。」

—— 任天堂《超級瑪利歐銀河》（Super Mario Galaxy）

離開遊戲畫面訊息

本書許多章節皆探討了可能徹底改變人類生活的革命性科技，或是用以探索宇宙的深度科學。但我想探討的是，如果這些情況沒有按計畫發生會變成什麼樣。萬一未來並未依約到來怎麼辦？

為了理解未來可能發生什麼事，我們可以回到過去，從歷史學習。人類發展出農業，開始定居於萌芽中的鄉鎮與城市，在這數千年間已有許多文明崩潰並消失。事實上，我

們現在的文明持續了多個世紀，科技不斷累積進步，可算是歷史上的異常現象。那麼，什麼樣的災難性事件有可能毀滅我們的未來？更關鍵的是，今日的我們能如何保存現代知識的種子，好讓倖存者能將文明重開機？

　　偉大文明的崩潰通常會造成歷史斷層，知識失落在時間的迷霧中，導致新的文明發展跌跌撞撞、停滯不前。人們最常提到的例子要屬西羅馬帝國瓦解，以及隨之降臨的「歐洲黑暗時代」（Dark Ages）。但這個說法顯然過分簡化，而且是以歐洲為中心；科技學習與社會發展仍在中國與伊斯蘭世界持續著，歐洲本身在這段所謂崩潰後的停滯期也有所建樹。在那個時代仍有許多重要發展，重犁的發明為整個北歐地區的農業帶來革命，風車塔與機械鐘也是很好的範例。不過中世紀早期社會確實印證了羅馬帝國消失後的發展斷層。在更早之前，西元前一千一百年左右，地中海東岸的青銅文明（Bronze Age）也曾發生大範圍崩潰，混亂與戰爭接踵而至。此外，世界各地多處文明都曾經歷起落興衰，例如馬雅文明（Maya）、奧爾梅克文明（Olmecs）、復活節島的拉帕努伊文明（Rapa Nui），以及印度河流域文明等。若我們認為當前的工業文明在某種程度上可以免於突然崩潰，可以無限持續下去，未免有點傲慢。諸如約瑟·泰戴爾

（Joseph Tainter）等人類學家認為，隨著社會組織與人際互動日益複雜，就像我們現在的社會，事實上更容易受到突發災難性崩潰所影響。

全球災難危機

文明崩潰有各種原因，或許是戰爭侵略、自然災害、自然環境劣化或過度剝削。從非常明確而且可能性極高的傳染病大流行，到發生機率極低的小行星撞擊，甚至是幾乎不可能發生的喪屍末日等，這些全球性災難可能會在不久的將來大規模地威脅現代文明。接下來就讓我們仔細檢視五種實際可能成真的危機。

氣候變遷

這是目前最有可能觸發全球性毀滅災難的成因。氣候變遷正在發生，而且人類的活動更加速它的發生。工業、運輸和農業所排放的二氧化碳與甲烷，不僅使全球平均氣溫持續升高、冰帽融解、全球水體因熱膨脹，更導致海平面上升；過多的二氧化碳溶出也會造成海洋酸化。區域氣候將

會出現劇烈改變，全球暖化使雨水分布轉移，造成某些區域洪水日益頻繁、某些區域出現旱災，兩者都嚴重危害到農業與糧食生產，使某些地區的糧食供應日漸難以維持。如何取得可靠的乾淨水源，很快就會成為地緣政治的重大引爆點。就像原油和其他珍貴自然資源一樣，或許不用多久，世界就會迎來第一場「水戰爭」。面對地球大氣層、海洋與大陸等複雜的氣候系統，以及牽涉其中的所有反饋迴圈（feedback loop），要想精準預測未來氣候變遷程度和地區效應，可以說是難上加難。值得擔憂的是目前潛藏在永凍土及海床內的甲烷氣體 —— 作為溫室氣體，甲烷的影響力是二氧化碳的二十五倍，一旦釋出便會在極短時間內造成顯著的暖化效應。若氣候變遷發生得如此迅速，我們的基礎建設將無法應付突如其來的極端氣候，現代文明將會因此崩潰。

小行星和彗星衝擊

多數小行星都位在火星和木星之間的小行星帶，但某些小行星的軌道會把它們帶到離我們更近的地方。未來我們有機會在這些所謂的「近地小行星」（near Earth asteroids）進行太空採礦，取得珍貴金屬。但反過來說，這代表我們必

須承擔它們可能撞擊地球的風險。人類對天空的調查如今已
能辨認並追蹤多數可能造成危險的物體，科學家也草擬出許
多太空任務計畫，將麻煩的小行星「轉向」安全的軌道上
（利用類似太空採礦的科技）。關於慧星來襲，我們能得到
的警告時間更少，或許只有幾個月。彗星通常位在太陽系黑
暗的外緣區域，因為重力「推擠」進入新的環繞太陽軌道，
而新軌道有可能導致它衝向太陽系內部和地球。也就是說，
彗星若是衝向地球，速度會非常快，望遠鏡或許無法及時
偵測到，好讓科學家設法處理撞擊路徑。小行星或彗星衝擊
將會引發毀滅性的效應，如果落入海洋會引發海嘯淹沒鄰近
沿海地區，若是衝擊陸地則會將大量粉末化的岩石拋入大氣
層，以及觸發大範圍的野火。據信在六千五百萬年前造成大
規模滅絕、規模達十公里寬的隕石衝擊（所謂的「恐龍殺
手」），不太可能在可預見的未來襲擊地球。不過即使是直
徑一公里的小行星或彗星也足以摧毀廣大的區域，觸發末日
型的全面衰退。

超級火山

從許多方面來看，巨型火山爆發的影響和小行星衝擊

很類似。如果你在爆發當下離火山太靠近，殺死你的將會是翻騰的熔岩、炙熱的火山灰雲、落下的石塊或有毒的煙氣。不過更大的隱憂在於，規模夠大的爆發將引發全球性效應。高高注入大氣層的火山灰與硫磺複合物會形成巨大雲層，遮蔽陽光，造成持續數年的火山冬季。光憑就這一點就足以摧毀全世界的農業。長期來看，氣溫突然下降甚至可能形成另一次冰河期。人類在近代歷史上已經略微嚐過箇中滋味。一八一五年四月，印尼的坦博拉火山（Mount Tambora）爆發，讓隔年成了「沒有夏天的一年」，進而引發整個北半球的食物短缺。印尼因位在地球板塊隱沒帶，火山活動特別頻繁。某些科學家認為，七萬一千五百年前爆發的印尼多峇火山（Toba）可能使全球人類數量暴跌，僅剩數萬名倖存者。今日火山科學家非常注意美國黃石國家公園（Yellowstone National Park）四十公里寬的巨大火山臼，它是一座超級火山，最後一次爆發是在六十四萬年前，火山灰幾乎淹沒了美國密西西比河以西的全部地區。如果這座超級火山爆發——或者說等到它下一次釋放能量的時候，其威力可能足以使文明崩毀。

日冕物質噴發

　　小行星和彗星衝擊並非唯一有可能觸發末日的太空威脅。太陽照耀大地，為地球上幾乎所有生命提供能量，但它對於現代科技的威脅也同等強大。太陽和所有恆星一樣，是顆會發光的球形電漿體，表面吹起的太陽風會規律地將大量氣體噴向太空，即所謂的「日冕巨量噴發」（coronal mass ejections, CME）。它們是由離子和電子構成的熾熱電漿泡泡，經由磁場綁在一起，這些數十億噸的「太陽飽嗝」會衝過整個太陽系，雖然發生機率極小，不過還是有可能會直接噴向地球。若是噴發規模特別強大，則可能造成毀面性的傷害，足以摧毀所有電子產品。太空中敏感的電子儀器和太陽能板非常容易受到粒子輻射（快速移動的電子）影響而受損，日冕巨量噴發可能會對繁忙的衛星群造成顯著破壞。電子通訊、氣候觀測、GPS 導航等，我們的生活幾乎完全依賴這些衛星。當全球定位系統癱瘓，標準時間大亂，全球金融交易和經濟也將大受影響。太陽噴發出的高能量粒子隨著震波形成磁暴，干擾地球的磁層，在輸電網路的線路中產生巨大電流，使重要的大型變壓器爆炸，造成永久性的損壞。一八五九年發生了史上最強的太陽風暴，讓地球遠離南北極

的地方都看得到極光，干擾了羅盤的指針，電報線飛濺的火花造成大火。這次因日冕巨量噴發造成的災難被稱作「卡林頓事件」（Carrington Event）。事件發生時，全世界的電路架構尚在起步階段；要是發生在現代，整個社會將會受到更嚴重的影響，長期停電也會阻礙修復工作的進行。例如一九八九年，一次太陽風暴造成整個魁北克地區大停電。就在二○一二年，巨量的日冕物質穿透了地球的繞行軌道，威力比起一八九五年有過之而無不及，幸好地球當時不在那個位置上，不然損失將無以計數。

全球性流行疾病

　　在人類歷史上，傳染病向來是苦難的根源，偶爾出現某種特別致命的傳染病則會造成大量人口死亡。學者認為黑死病應是源於中亞草原，透過貿易者在絲路上傳播，最終隨著商船上的老鼠流入歐洲，在一三四七年大規模爆發。在接下來數年間，這場瘟疫殺死了歐洲將近三分之一的人口，在人口集中的都市死亡率將近二分之一，估計在整個歐亞地區奪走了一、兩億人的生命。到了近代，一九一八年三月，第一次世界大戰就要結束時，在美國、中國、法國、西班牙、

英國等地相繼爆發了「西班牙流感」（Spanish Flu），短短六個月內就傳播到全世界。全球大約有三分之一的人受到這波流感感染，超高的死亡率讓五千多萬人死去。如果今天這種具高傳染力與高致死率的病毒再次現身，結果可能會更加慘烈。現代社會活動多集中在地狹人稠的城市，正是加速傳染病傳播的理想條件；頻繁而規律的長程航班讓人們在距離遙遠的大陸之間來回通勤，使得控制或檢疫變得更加困難。即使全世界只有一小部分人口同時生病死亡，基本的社會服務與建設 ── 糧食生產、醫療服務、維持社會安定的警力、水質處理、發電 ── 都會受到影響而秩序大亂。

文明的備份檔

　　某些災難，例如大範圍的小行星衝擊或是全球核子戰爭，影響範圍如此廣泛且具摧毀性，讓災後倖存者難以迅速復原。其他可能的災難，例如日冕巨量噴發，會使科技基礎建設全面癱瘓，但不會對人口數量產生太大的影響。然而為了爭奪日益稀少的資源，後續可能會發生激烈競爭又野蠻的「二次人口削減」。也許讓世界結束的最佳方式，是突然且殺傷力強大的瘟疫（至少從倖存者觀點來看是如此）。這會

迅速消滅大半人口，但是讓所有事物都能留下來。倖存者可以組成社群，撿拾自己需要的東西，重新學習建立文明所需的知識與技能。

　　所以今日的我們可以做些什麼，以求在全球災難和文明崩解發生後，仍能保全人類的未來？全世界，尤其在美國，有許多人非常嚴肅看待末日發生的可能性。這類「末日準備者」或「倖存主義者」會積累維生用品，像是罐頭食品、瓶裝水、藥物，還有自衛的武器。然而一旦工業文明消失，你必須從頭開始自製一切所需事物，該從何取得需要的知識？人類花了幾千年才累積起來的生存智慧與科學技術，我們該如何為後代保存下去？萬一重設按鈕真的按下去了，「沒有存檔的一切都會遺失」呢？我們如何能幫助倖存者避免另一次黑暗時代來臨，以最快的速度恢復以往的生活，並且讓文明重開機？

　　網路是龐大的資訊寶庫，從維基百科到 YouTube 上的實用教學影片都可以找到我們需要的東西。儘管網路最初的設計被認為是在核子戰爭時做為堅實的軍事溝通網路，但若電網被摧毀，伺服器沒了電力，網路也就煙消雲散。維基百科上有個逗趣的條目「末期事件管理政策」（Terminal Event Management Policy），向讀者介紹在全球災難迫近之

時如何快速將線上百科列印成紙本媒介。但維基百科的內容並不像教科書那樣有邏輯架構，實際上也未包含太多實用的資訊。

為了幫助未來世代面對可能的末日危機，理想上我們應該要編纂某種全書，或者建立書庫來保存最有用的資訊。書籍與 DVD 或電腦資料不同，除了你的雙眼之外無需任何科技就能取得書上的圖像與內容。科學家詹姆斯・洛夫洛克（James Lovelock）曾提出「蓋亞假說」（Gaia hypothesis），將整個地球描繪成單一的自我調節系統，並在一九八八年寫的一篇文章中感嘆道：「我們對自己的文明沒有留下永恆且普及的紀錄，以便在文明毀去時能藉此重建。」他將這構想描述成「四時之書」，就像一本完整的科學課本，裝滿了實用資訊。《連線》（Wired）雜誌的創辦人凱文・凱利（Kevin Kelly），他曾在知名的《全球型錄》（Whole Earth Catalog）擔任編輯，他也提議出版「永恆之書」或建立「實用書庫」，在偏遠的山頂碉堡收集約一萬本書，儲存重建文明基礎建設與科技所需的必要知識。「今日永恆基金會」（The Long Now Foundation）致力推廣前瞻思維，他們的計畫之一就是建構巨大的山嶺時鐘，能自給動力並且精確計算時間至少一萬年。和前述建議不同的是，他們

確實開始收集書籍，納入他們的「文明手冊」圖書館。我也參與了這個計畫，貢獻了不少書籍，其中包括 —— 且讓我老王賣瓜 —— 我自己的科普著作《最後一個知識人：末日之後，擁有重建文明社會的器物、技術與知識原理》。

令人驚訝的是，以前的人早就有這類的構想。百科全書最初編寫的目的，就是為了讓知識分子記得所有應該知道的知識。「百科全書」這個英文單字（encyclopaedia）的原意是指「學習圈」，或是全面的教育。不過到了十七世紀，隨著講求方法的科學研究使得知識量成倍數增長，有一件事變得越來越清楚，那就是不再可能有任何人能記得所有已知事物。因此百科全書轉而提供當前知識的摘要，給任何有需要的人作參考。和今日的我們相比，十八世紀中期的百科全書編纂者更迫切體認到偉大文明的脆弱，科學知識與實用技能在眾人心中的珍貴價值，都有可能再次於歷史中失落。

德尼‧狄德羅（Denis Diderot）相信，他於一七五一年出版的《百科全書》（Encyclopédie）是人類知識的安全存放所，在可能摧毀文明的巨大變動發生的當下以備不時之需 —— 就像埃及、希臘、羅馬的文化都已經遺失，留下來的只有他們以文字書寫的斷簡殘篇。他的意圖在於讓百科全書成為知識的時空膠囊，抵抗時間的侵蝕。這正是理想化的

「全書」（或至少是滿書架的書籍）概念的誕生，以求有系統地解釋人類所知的一切。這些百科全書的編纂者也有足夠自覺，能納入揭示關鍵原則的實驗細節，還包括工藝技巧和實用知識的圖示。也因此，這種完美的百科全書會提供地球上所有文字資料的濃縮精華，以邏輯方式安排並彼此參照，如同在翻閱某個全知者腦袋中的知識。如此數量龐大的材料，任何一個人類的心智都不可能獨自理解並一次記在腦中，但原則上，任何人都能透過閱讀百科全書自學所有他所需要知道的事物。

　　儘管閱讀百科並不困難，但是紙本書籍有它自己的問題。紙張相當易燃，而且一旦受潮就會腐爛分解。要在全世界建設足夠堅固的末日圖書館，以便散落各處的倖存者使用，這可是一項大工程。以現代科技而言，這些讓文明重開機的種子可用更輕便的格式儲存。運用 Kindle 或其他電子閱讀器可以收納一萬本書，那幾乎是整個圖書館的知識量。但這又回到一個老問題，若是末日來臨時電網損毀，無法簡單就將設備插入牆上插座充電，你將體會到人類知識寶藏就在眼前卻無法取用的迫切絕望感。所以，為了解決這點，我為自己搞定了一組末日專用的 Kindle，裡面裝滿了重建文明所需的知識，有堅固的機殼保護，並內建太陽能充電板。

　　這樣你就擁有整個圖書館的實用知識，以方便可攜的形式裝載，電力不足時只要放在陽光下充電即可。當然，螢幕和太陽能板最終都會劣化，但是到了那時候，你和其他倖存者應該早已穩穩踏上重建之路。此外，依照裡頭儲存的教學，你可以自製紙張、墨水和基本的印刷設備，將記憶體內的資訊轉載至紙本書上。

　　社會要能夠正常運作，不只需要知識，還需要實際的方法和工具。所以馬爾欽‧雅庫博夫斯基（Marcin Jakubowski）採取了稍微不同的方式，他打算設計並建造一座能相互連結的智慧機械。這個「全球村莊建設組」（Global Village Construction Set, GVCS）將提供五十件能互補組合設備及開放源碼的設計藍圖，聯合起來就可提供必要的基礎建設，讓社區自給自足。這些機器從最簡單的烤箱、鋸木機、鑿井設備，一直到運用可再生能源的蒸汽機（燃燒生物能源）和風力發電機，最後則是更為繁複的科技，例如從粘土中萃取鋁金屬的設備，或是用來融化鋼鐵的感應電爐。這個建設組能支援農業、能源、運輸和製造業。更聰明的是，這個建設組的五十件設備將可以幫助你維修或製造一切所需。雅庫博夫斯基的目標是要幫助社群發展成國家，並將生產設備去中心化。一組能相互支援的機械設備，顯然正是末日復

甦的倖存者社群所需要的。

　　如果我們能嚴肅看待未來全球危機的威脅，以及工業化世界突然崩潰的可能性，我們此刻就應該設法保存人類成就的核心，亦即耗費幾世紀逐步積累起來的關鍵知識與技術。我們可以將整個文明的存檔備份，讓倖存者有朝一日能盡快重建一個有組織的社會。

第十八章

瞬間傳送與時間旅行

吉姆·艾爾卡利里（Jim Al-Khalili）

　　來到本書最後一章，我打算提出特別刺激的話題。各位已經讀到的內容，幾乎都會在不久後的將來成真 —— 事實上有許多已經幾乎要實現了。其他較為幽暗的預測，則描述了我們必須盡全力避免的未來（或至少預作準備）。不過，更遙遠的未來又是如何？人類會離開自己的母星，在宇宙中四處移民？至今仍是科幻小說基礎的那些構想，是否有機會成真？這之中有許多構想可以討論，從心靈感應到超空間引擎，不過我已經選好了兩個我最喜歡的概念。我幾乎可以確定，兩者都不可能在我有生之年實現，但是在遙遠的未來……誰知道呢？

瞬間傳送

　　瞬間傳送的基本概念是將物質由甲地直接傳送到乙地，無需穿過兩地之間的物質空間。這向來是科幻小說、電影和遊戲的常見主題，出現的年代比你以為得更久遠。最早描寫關於瞬間傳送的故事，或許是愛德華・佩吉・米契爾（Edward Page Mitchell）於一八七七年寫成的《沒有身體的男人》（*The Man without a Body*）。故事描述某科學家發明了一種機器，能將活人身體分解為原子，透過電線以電流的型態傳送給接收者，然後將原子再次組合成身體。這個構想很令人著迷，一部分是因為這個故事被創作出來時，人類尚未發現電子的存在，甚至連原子是什麼都還搞不清楚。

　　接著時間快轉半個世紀來到一九二九年，柯南・道爾（Arthur Conan Doyle）出版了一篇短篇小說，名為〈分解機器〉（*The Disintegration Machine*），描寫一種能夠打碎物質並將之重新組合的機器。故事中的一角如此提問：「你能否想像有某種程序，能讓『你』這個有機生命體以某種方式融入宇宙之中，然後透過微妙的情境方式重新組合起來？」兩年之後，專注於研究異常現象的美國作家查爾斯・佛特（Charles Fort）首先創造出「瞬間傳送」（teleportation）

一詞，來解釋人與物神祕消失後又（據傳）出現在他處的神奇事件。佛特書中還有研究許多關於這類超越科學知識界限、無法被解釋的神祕現象與超自然異常事件，後來被人們統稱為「反常現象」（Fortean phenomena）。

現代大眾對於瞬間傳送的印象，多半是從一九五八年的美國科幻恐怖片《變蠅人》（The Fly）來的。電影中，一位科學家不小心與一隻蒼蠅一同進了瞬間傳送艙，導致自己的基因與蒼蠅的基因混合。不過對更多人來說，最著名、最歷久彌新的瞬間傳送畫面要屬「企業號」的傳送室，以及那句著名的台詞：「史考特，把我傳送上去。」《星艦迷航記》（Star Trek）的創造者金・羅登貝瑞（Gene Roddenberry）最早是在一九六〇年代中期發展出這個概念，原本其實是為了節省特效費用，讓角色在星球表面淡出然後又出現，遠比讓他們從企業號搭乘接駁飛船降落更便宜也更單純。

這個概念當然非常有創意，不過嚴肅的科學對這個主題有什麼看法呢？將物質由一地瞬間傳送到另一地，無需穿越實際的物質空間，聽來或許荒謬，實際上卻相當正常——我的意思是，假如你能縮小到量子層次的話。一種稱為「量子穿隧效應」（quantum tunnelling）的程序允許次原子粒子，例如電子，能在兩個不同的地點之間跳躍，即使沒有足夠的

能量也不成問題。這有點像對著磚牆丟一顆球，讓球消失，然後在牆的另一側重新出現，同時保持牆面完整。這真的不是科幻小說的情節。這麼說吧，太陽之所以能夠持續照耀地球上所有生命，正是因為氫原子能藉由量子穿隧效應穿過本應無法穿透的力場，然後融合在一起。

　　然而量子力學還有個更有趣而且更違背直覺的預測，同樣經過無數次實驗證實，那就是量子糾纏（quantum entanglement）的概念。溫佛瑞・亨辛格在本書第十一章量子運算的章節已對此進行了討論。所以我們知道，在空間上分離的兩個以上的粒子之間有某種連結，對其一進行任何觀測或干涉都會立即影響它遠處的夥伴。這一點似乎違背了愛因斯坦的相對論，以及「光速無法超越」的論點。量子力學的解釋是，糾纏的粒子是某個單一系統的一部分，而非表現得像獨立的實體。

　　請思考以下比喻。找一雙手套，將左右兩隻分別放在獨立的盒子裡，接著將一個盒子送到遙遠的地方，另一個盒子放在身邊。如果你打開身邊的盒子，發現裡面放的是「左手」手套，那麼你立刻就會知道另一個盒子裝的是「右手」手套。當然，這一點都不神祕，因為改變的只是你的知識狀態──另一個盒子裝的一直都是右手手套。在量子世界，手

套代表彼此糾纏的粒子，它們均能同時以順時鐘或逆時鐘方向轉動。一旦你開啟手邊的盒子，你就是在進行所謂的量子測量（quantum measurement），強迫它「決定」自己該往什麼方向旋轉。畢竟，我們從未看到粒子同時朝著兩個方向旋轉 —— 那不是很荒謬嗎？量子力學告訴我們（實驗也證實了這一點），這種量子糾纏是真實存在的。除此之外，當你開啟身邊的盒子觀察粒子，第二個盒子內的粒子也會立即由雙向旋轉的糾纏狀態「塌縮」（collapse）為朝單一方向旋轉 ①，而且和第一個盒子內的粒子方向相反。這就好像開啟盒子的這個動作立即向另一個粒子傳遞出一個量子訊號，告訴它該如何行動。

瞬間傳送的理論就是來自量子糾纏與量子疊加（quantum superposition）。不過這在實務上能否達成？大致上，量子瞬間傳送的概念是讓糾纏的粒子分處兩地，接著以某種方式掃描要傳送的物件，以便能透過糾纏的這對粒子將純粹的資訊傳輸到遙遠的地點。

但即使要瞬間傳送單一原子，都需要對它的量子狀態

---

① 編按：意指當你在做測量這個動作時，會讓許多原本可能發生的結果瞬間化成單一的觀測結果。

有徹底了解 —— 基本上我們需要知道關於它的一切。科學家本來認為這是不可能的，因為根據量子力學的「海森堡測不準原則」（Heisenberg Uncertainty Principle），我們永遠無法同時精準測量到一個粒子的位置和動量，也就表示我們無法得到它的完整資訊以便將它在他處重建。不過量子糾纏對此提供了某種解決方案，因為某些資訊可以在量子層次立即傳遞。透過測量粒子，接著將該粒子分別傳送，所得到的資訊可以補充前述的不足。利用整合的資訊（以量子力學方式傳輸糾纏的成對粒子所得資訊，加上透過掃描並以光速分別傳輸所得的資訊），科學家可以在另一處用相同原料來重建原初的物件。

一九九三年，由 IBM 研究者查爾斯‧班耐特（Charles Bennett）帶領六位科學家組成的國際團隊，初次揭露粒子的狀態確實能透過量子糾纏傳輸到遠處的地點，量子瞬移的現代概念就此誕生。從那時起，研究者就一直與數量越來越大的原子「糾纏」不休。當然，要讓幾個光子或原子（特殊類型的氣體降溫到絕對零度）瞬間移動是有可能做到，但問題是要運用量子糾纏來傳送巨量資訊、描述構成人類的數兆原子如何以特殊方式排列，要做到這點非常困難。

值得注意的是，瞬間移動不僅只是創造原來粒子的複

製品，至少在量子層次上來看，傳送某個粒子所有的資訊內容就是傳送這個粒子本身 —— 我們無需在物質層次傳送原來的粒子。此外，傳送某個物件時，需要先在甲地摧毀這個物件，然後才能在乙地將它重建。話是這麼說，但最近一項關於量子隱形傳態（quantum teleportation）技術的初步研究暗示，要以量子傳送物件本身也不是不可能的事。

不過我必須提醒你，我們目前與《星艦迷航記》所想像的科技還有好幾世紀的距離。

時間旅行

瞬間傳送的概念是根據極小尺度（量子力學）的原理，時間旅行則是源自以極大尺度描述宇宙的理論 —— 愛因斯坦的廣義相對論。

廣義相對論提供了目前針對空間與時間本質最準確的描述。正因為這個理論並未全然否定時間旅行的可能性，我們才能嚴肅地探討這個主題。廣義相對論告訴我們，物質和能量會造成空間和時間的扭曲及伸展。事實上，廣義相對論的數學運算容許非常奇異的時空型態存在，例如黑洞和蟲洞。有一個相關的觀念稱作「封閉類時曲線」（closed timelike curve），這就像是一個封閉的環狀路徑，而其中的時間本身就是扭曲的。如果你在這樣的路徑上前進，你會感覺時間和往常一樣前進。最終你會回歸到你出發的同一的地點（空間），但時間卻是在你出發之前，這意味著你實際上回到了過去。就是這樣的時間迴圈概念，構成了多數時間旅行的理論基礎。

儘管許多物理學家認為這個觀念「不實在」，但部分學者卻不願如此輕易否定時間迴圈的想法。數學家范斯托克姆（W. J. van Stockum）在一九三七年發表了一篇論文，首先對愛因斯坦在廣義相對論中用以描述時間迴圈的方程式提出解法。他假設一個以非常密集堆疊的材料製成的無限長圓柱體，在空無一物的空間中快速旋轉；而描述這個場景的數學公式預測圍繞著此圓柱體的時空區域將因它而扭曲，其中可能包含時間迴圈。遺憾的是，這樣的圓柱體不可能存在於物質世界，因為這會賦予時空某些非常奇怪的特性，進而影響整個宇宙。就我們所知，真實的宇宙並沒有那些特性。

一九四九年，曾在普林斯頓高等研究院與愛因斯坦共事的奧地利籍美國數學家庫爾特・哥德爾（Kurt Gödel）提出了另一個假設場景，完全符合廣義相對論但包含了時間迴圈。不過，無論是當時或現在，許多物理學家都相信透過時

間旅行回到過去的想法包含了足夠的邏輯悖論，應予以排除；物理定律的漏洞讓時間旅行成為可能，然而透過更深入的研究及理解，這些漏洞日後終將予以補足。這樣的知識或許來自統一的量子重力理論，結合了物理學兩個最重要的理論 —— 量子力學和廣義相對論。截至目前為止，這種能解釋一切的「萬物論」尚未來臨，科學家正在努力研究。

到了一九六〇至七〇年代，幾位鑽研廣義相對論的理論物理學家發現了更多包含時間迴圈的理論模式，他們全部都運用旋轉的物體來扭曲四周的時空。這些模式中最為人所知的是法蘭克・迪普勒（Frank Tipler）所提出的概念。他在一九七四年出版的一篇論文中應用范斯托克姆的旋轉圓柱體概念，但更進一步說明此圓柱體必須長一百公里、寬十公里，由某些奇特且密度非常高的材料製成。它的質地必須堅固到令人難以置信，如此才能避免因註定承受的巨大重力及壓力而從柱身折斷；同時還得夠強壯，才能提供巨大的離心力，並且在旋轉過程中不會將自己的組成物質向外拋射（此時它的表面速度大約是光速的一半）。儘管條件嚴苛，迪普勒正確地指出這些全都是實務方面的問題，等到科技發展跟上腳步之後就能解決。

所以我們可以如何運用迪普勒圓柱體，來當作時間旅

行的機器呢？這麼說吧，基本上你會前往此圓柱體在空間中旋轉之處，並且多繞行它幾次，然後才回到地球，希望自己已經回到了過去。能回到多久以前的時間，取決於你繞行了幾圈。儘管你在繞行此圓柱體時感覺時間正常前進，在你所處的時空扭曲區域之外，你卻是穩定地進入過去。這有點像在爬潘洛斯階梯（Penrose stairs），往上走了一圈之後抵達的卻是下面那層樓。

　　你或許以為要創造這樣的設備幾乎是不可能的事，不過自然生成的迪普勒圓柱體很可能已經存在於空間之中。這一點相當值得爭論。如果這是真的話，科學家稱之為宇宙弦（cosmic string），而某些天文學者會說這樣的物質很可能是大霹靂（Big Bang）的殘餘之物。它或許是封閉的迴圈，或許延伸穿越整個宇宙；它的厚度遠不及原子的寬度，但質量緻密到只要一毫米就重達千兆噸。

　　美國天體物理學家理查・戈特（Richard Gott）非常投入研究時間旅行，他推論兩條宇宙弦以高速且正確的角度經過彼此的話，就會在兩者間形成一個時間迴圈。

　　可惜，談到時間旅行，所有聽起來最可行或者說最不荒唐的方法，就是借道蟲洞。蟲洞是存在於時空中的奇特結構，廣義相對論的方程式將它描述為理論上的實體。你可以

將蟲洞想成時空中的捷徑，透過一個和我們的宇宙處在不同
維度的通道，將兩個不同的時空區域連接在一起。由於時間
和空間如此密切相關，原則上蟲洞的兩端也有可能連接不同
的時間 —— 若其中一端是現在，另一端就是它的過去。所以
穿越蟲洞可能抵達未來，也可能抵達過去，一切取決於你的
方向。

　　蟲洞和黑洞不同，目前人類對後者已經有大量的觀測
證據，而前者仍屬理論性的奇特現象。儘管如此，人類也許
有一天還是會建造出蟲洞。當然，二十一世紀的科技還辦不
到。事實上，這也許永遠都不可能實現。不過請讓我猜測一
下，在最小的長度規模之處，一個比原子還小上幾兆倍的
地方，由泡沫般的量子不確定性所主宰，空間和時間的概
念都已失去意義。在這裡，所有已知的物理法則都可以被打
破，所有可能的時空形態和扭曲都會在這隨機亂舞之中出現
又消失。諸如量子漲落（quantum fluctuation）或量子泡沫
（quantum foam）等用來描述這種瘋狂活動的術語，當然無
法公平地描述其萬分之一。在這泡沫中，微小的蟲洞可以快
速地出現和消失，訣竅是要設法捕捉到其中之一，並且趁它
再次消失之前放大成原來的好幾倍。

　　所以我們該相信哪一種推論？蟲洞是否有可能被建造

出來？我們能否透過蟲洞建構出時間機器？我們的宇宙中是否能形成封閉的時間迴圈，讓我們進行時間旅行回到過去？事實上，沒有人能夠確定。但我寧願樂觀地引用一句話。這句話來自法蘭克‧迪普勒，這位物理學家出版了世界上第一篇嚴肅地討論如何建造時間機器的論文；他這句話也是引自天文學家西蒙‧紐康（Simon Newcomb），後者在邁入二十世紀的頭幾年寫了許多篇文章，堅稱比空氣還輕的飛行機器是不可能被發明出來的。

「沒有證據顯示任何已知物質、已知機械型態和已知力量型態可以同時組合成一個確實可行的機械，並藉此讓人類〔回到過去〕。筆者認為關於這點的論證已經相當完整，與任何物理事實相同。」

結果，萊特兄弟很快就證明紐康對飛行機器的看法是錯的。我很好奇，是否有一天，我們會看到同樣的情況發生在時間旅行這個概念上。儘管我並不願意為時間機器的完成與否投入高額賭注，但我的哲學是，如果我們最好的科學理論都不能完全排除它的可能性，那麼，努力地想像它會如何運作就是一件很重要，當然也會是很有趣的事。

在這一章的最後，我要提出一個許多理論物理學家都在認真思索的刺激概念。也許，只是也許，瞬間傳送和時間

旅行有著密切的關聯。有個新的觀念，在物理學家之間稱之為 ER=EPR，暗示著量子糾纏（瞬間傳送的概念）與蟲洞（時間旅行的觀念）有著很深的連結。兩份論文均由愛因斯坦和他的合作者在一九三五年出版，當時普遍認為兩者毫不相干，結果現在發現它們很可能描述的是同一個構想。簡稱為 EPR 的這篇論文取自愛因斯坦（Albert Einstein）、波多爾斯基（Boris Podolsky）和羅森（Nathan Rosen）這三位作者的名字，論文內容首次描述了量子糾纏，亦即兩個遙遠粒子之間立即又詭異的連結現象；愛因斯坦對這一點感到特別不以為然，這也暗示著我們對量子理論的理解並不完整。第二份論文簡稱為 ER，由愛因斯坦和羅森共同完成，是第一次有人描述蟲洞的概念，在當時稱為愛因斯坦羅森橋（Einstein–Rosen bridge）。

在這兩份論文出版超過八十年後，我要在這裡提出一個大膽的問題：說不定，這對糾纏的粒子之所以能夠彼此「溝通」，就是因為有蟲洞將它們彼此連接。越是閱讀並思考相關的主題，我就越喜歡這個瘋狂的構想。如此簡單明瞭。這樣一來，蟲洞（當然先假設它們在物理層面是可能存在的）就可以同時作為瞬間傳送與時間旅行的機器。這難道不是最酷的事嗎？

　　本章主題目前仍是科幻小說界最熱中討論的領域，更大膽地說，兩者也存在於理論物理學家的數學等式裡。

　　無論結果如何，我完全相信在將來的幾十年，甚至幾百年內，科學會持續為我們帶來各種驚喜。

　　且讓我們明智地運用各方面的新知，迎接無限可能的未來。

延伸閱讀

地球的未來

Adventures in the Anthropocene: A Journey to the Heart of the Planet We Made, Gaia Vince, Vintage, 2016.

Climate Change (What Everyone Needs to Know), Joseph Romm, Oxford University Press, 2015.

The Future, Al Gore, WH Allen, 2014.

Homo Deus: A Brief History of Tomorrow, Yuval Noah Harari, Harvill Secker, 2016.

Population 10 Billion, Danny Dorling, Constable, 2013.

Scale: The Universal Laws of Life and Death in Organisms, Cities and Companies, Geoffrey West, Weidenfeld & Nicolson, 2017.

Smart Cities, Digital Nations: Building Smart Cities in Emerging Countries and Beyond, Casper Herzberg, Roundtree Press, 2017.

Tomorrow's World: A Look at the Demographic and Socio-Economic Structure of the World in 2032, Clint Laurent, Wiley, 2013.

人類的未來

Citizen Cyborg: Why Democratic Societies Must Respond to the Redesigned Human of the Future, James Hughes, Basic Books, 2004.

Creation: The Origin of Life / The Future of Life, Adam Rutherford, Penguin, 2014.

The Gene: An Intimate History, Siddhartha Mukherjee, Vintage, 2017.

Happy-People-Pills for All, Mark Walker, Wiley, 2013.

Life at the Speed of Light: From the Double Helix to the Dawn of Digital Life, J. Craig Venter, Little, Brown Book Group, 2013.

The Patient Will See You Now: The Future of Medicine Is in Your Hands, Eric Topol, Basic Books, 2016.

Spillover: Animal Infections and the Next Human Pandemic, David Quammen, Vintage, 2013.

Superintelligence: Paths, Dangers, Strategies, Nick Bostrom, Oxford University Press, 2016.

線上未來

AI: Its Nature and Future, Margaret A. Boden, Oxford University Press, 2016.

Cloud Computing (MIT Press Essential Knowledge Series), Nayan B. Ruparelia, MIT Press, 2016.

Computing with Quantum Cats: From Colossus to Qubits, John Gribbin, Bantam Press, 2014.

The Economic Singularity: Artificial Intelligence and the Death of Capitalism, Calum Chase, Three Cs, 2016.

Enchanted Objects: Design, Human Desire and the Internet of Things, David Rose, Scribner, 2015.

The Technological Singularity, Murray Shanahan, MIT, 2015.

打造未來

The Industries of the Future, Alec Ross, Simon & Schuster, 2017.

Innovation and Disruption at the Grid's Edge, Fereidoon Sioshansi (ed.), Academic Press, 2017.

Made to Measure: New Materials for the 21st Century, Philip Ball, Princeton University Press, 1999.

Stuff Matters: The Strange Stories of the Marvellous Materials that Shape Our Man-made World, Mark Miodownik, Penguin, 2014.

We Do Things Differently: The Outsiders Rebooting Our World, Mark Stevenson, Profile, 2017.

未知的未來

Black Holes, Wormholes and Time Machines, Jim Al-Khalili, CRC Press, 2012.

Emigrating Beyond Earth: Human Adaptation and Space Colonization, Cameron M. Smith, Springer, 2012.

Global Catastrophic Risks, Nick Bostrom and Milan M. Cirkovic, Oxford University Press, 2011.

The Knowledge: How to Rebuild Our World After an Apocalypse, Lewis Dartnell, Vintage, 2015.

Packing for Mars: The Curious Science of Life in Space, Mary Roach, Oneworld, 2011.

Physics of the Future: The Inventions That Will Transform Our Lives, Michio Kaku, Penguin, 2012.

作者介紹

人口學：菲利浦・波爾（Philip Ball）

　　科學作家，二十多年來一直擔任英國《自然》（*Nature*）雜誌的編輯，目前也有在《化學世界》（*Chemistry World*）、《自然材料》（*Nature Materials*）、《BBC 未來》（*BBC Future*）、《展望》（*Prospect*）等期刊寫專欄，並不定期為《新科學人》（*New Scientist*）、《紐約時報》（*New York Times*）、《衛報》（*The Guardian*）、《金融時報》（*Financial Times*）和《新政治家》（*New Statesman*）等出版物撰稿，最近還開始在 BBC Radio 4 擔任《科學故事》主持人。著有 *Bright Earth: The Invention of Colour*、*The Music Instinct*、*Curiosity: How Science Became Interested in Everything*、*Invisible: The Dangerous Allure of the Unseen* 等書，其中 *Critical Mass: How One Thing Leads to Another* 一書獲得了 2005 年英國皇家學會科學書籍獎（Royal Society Prizes for Science Books），最新著作為 *The Water Kingdom: A Secret History of China*。

生物圈：蓋雅・凡斯（Gaia Vince）

科學作家，曾任《自然氣候變化》（*Nature Climate Change*）、《自然》和《新科學人》（*New Scientist*）雜誌的編輯。她的文章常見於英國、美國和澳洲的報章雜誌，並且在廣播及電視上主持科學節目。她的第一本書 *Adventures in the Anthropocene: A Journey to the Heart of the Planet We Made* 贏得了 2015 年英國皇家學會溫頓科學讀物獎（Royal Society Winton Prize）。

氣候變遷：茱莉亞・史琳戈（Julia Slingo）

氣象學家及氣候科學家，在 2009 至 2016 年間擔任英國氣象局首席科學家，擅長運用創新的方法及複雜的模式預測氣候的變化。2015 年獲選為英國皇家學會院士，2016 年獲選為美國國家工程院外國會員。

醫學的未來：亞當・庫察斯基（Adam Kucharski）

倫敦衛生與熱帶醫學院（London School of Hygiene & Tropical Medicine）助理教授，專門從事傳染疾病預防工作。他在劍橋大學完成數學博士學位，接著進入華威大學

（University of Warwick）學習醫學。他常受邀於《觀察》
（*Observer*）、《新科學人》和《連線》（*Wired*）等雜誌
發表文章，2012 年獲得惠康基金會科學寫作獎（Wellcome
Trust Science Writing Prize），2016 年出版第一本書籍 *The
Perfect Bet: How Science and Maths Are Taking the Luck Out of
Gambling*。

基因組學與基因工程：亞拉席‧普拉薩（**Aarathi Prasad**）

　　英國倫敦帝國學院（Imperial College London）遺傳學
博士，曾任職於英國文化協會（British Council），並於倫
敦大學學院（University College London）做專業研究。她
在 BBC 1、BBC Radio 4、Channel 4、國家地理頻道和探
索頻道策劃並主持了多部科學紀錄片，她也是經驗豐富的
科學作家，書籍作品包括 *In the Bonesetter's Waiting-Room:
Travels in Indian Medicine* 和 *Like A Virgin: How Science is
Redesigning the Rules of Sex* 等書。

合成生物學：亞當‧盧德弗（**Adam Rutherford**）

　　英國倫敦大學學院（University College London）遺傳學
博士，BBC 熱門科學節目《科學內幕》（*Inside Science*）主

持人。曾任《自然》雜誌編輯十餘年，並長期為《衛報》、《連線》等媒體撰稿。他熱中將科學轉化成大眾都會感興趣的知識，出版了多部關於基因和生命起源的暢銷著作，他的第一本書 *Creation: The Origin of Life / The Future of Life* 入圍 2014 年惠康基金會科學寫作獎。他同時參與制作並主持了《細胞》、《基因密碼》、《扮演上帝》等多部 BBC 紀錄片，還擔任多部電影的科學顧問，包括《末日之戰》（*World War Z*, 2013）、《金牌特務》（*Kingsman*, 2014）、奧斯卡得獎電影《人造意識》（*Ex Machina*, 2015）、《滅絕》（*Annihilation*, 2018）等。

超人類主義：馬克・沃克（Mark Walker）

新墨西哥州立大學（New Mexico State University）哲學系教授，非營利組織世界燒人協會（Humanity Plus）前董事會成員，倫理和新興技術研究所（Institute for Ethics and Emerging Technologies）現任董事會成員。他的第一本書 *Happy-People Pills for All* 討論發明先進藥品是否能提高人們的幸福感，他的最新著作 *Free Money for All* 則討論美國公民的基本收入是否應無條件達到一萬美元。

雲端技術與物聯網：娜歐蜜・克萊莫（Naomi Climer）

　　工程師，專長是廣播、媒體和通訊技術，現任索尼英國技術中心（Sony UK Technology Centre）非執行董事。她是國際工程技術學會（Institution of Engineering and Technology）第一位女性主席，2013年入選英國皇家工程科學院（Royal Academy of Engineering）院士，2016年被《每日電訊報》（*Daily Telegraph*）和女性工程學會（Women's Engineering Society）推舉為英國工程界最具影響力的五十位女性之一，同樣被《電腦週刊》（*Computer Weekly*）評為英國 IT 界最具影響力的五十位女性之一。

網路安全：艾倫・伍華德（Alan Woodward）

　　電腦安全專家，英國電腦協會（British Computer Society）、皇家統計學會（Royal Statistical Society）及英國物理學會（Institute of Physics）成員。他原本是物理學家，因為對計算機科學產生興趣，轉而致力於網路安全研究。離開研究所之後，他會英國政府工作多年。後來他回到英國索立大學（University of Surrey）擔任客座教授，同時繼續為歐洲刑警組織擔任顧問。

人工智慧：瑪格瑞特‧波登（**Margaret A. Boden**）

英國薩塞克斯大學（University of Sussex）認知科學研究教授，協助規劃並發展全世界第一個認知科學學術課程。她擁有醫學、哲學和心理學學位，她的研究便是將這些學科與人工智慧（AI）結合。她是英國國家學術院（British Academy）及美國人工智能協會（Association for the Advancement of Artificial Intelligence）成員，是 AI 研究領域最知名的人物之一，並獲頒大英帝國勳章。她的著作已被翻譯成二十多國語言，最近出版的一本書為《AI：人工智能的本質與未來》（*AI: Its Nature and Future*）。

量子運算：溫佛瑞‧亨辛格（**Winfried K. Hensinger**）

英國薩塞克斯大學量子技術研究教授。他在昆士蘭大學取得了博士學位，主修量子與超冷原子的表現，並且加入美國國家標準暨技術研究院（National Institute of Standards and Technology）與諾貝爾物理獎得主威廉‧菲利普斯（William Daniel Phillips）的團隊共同進行研究。目前任職薩塞克斯量子技術中心主任，最近和他所領導的研究小組發表了第一個大型量子電腦的建造藍圖。

智慧材料：安娜・普洛薩斯基（Anna Ploszajski）

　　白天是工程師暨材料科學家，晚上則致力於科學傳播。她經常以材料科學為主題表演單口相聲，擁有自己的播客節目，並且在《材料世界》（*Materials World*）等期刊上撰寫文章。2017 年贏得英國皇家工程院傑出青年工程師獎（Young Engineer of the Year），並進入全球科學最具規模的科學傳播比賽FameLab的英國區決賽。閒暇時喜歡吹小號，正在鍛練游泳，目標是游過英吉利海峽。

能源：傑夫・哈迪（Jeff Hardy）

　　倫敦皇家理工學院（Imperial College London）格蘭瑟姆氣候變化與環境研究所（Grantham Institute）資深研究員，專門研究低碳能源系統的未來發展，以及該系統與人們日常生活和企業營運的關係。曾任英國天然氣暨電力市場管制局（Ofgem）永續能源發展小組的主管和政府間氣候變遷委員會第三科學小組主任，並在英國能源研究中心（UK Energy Research Centre）、英國皇家化學學會（Royal Society of Chemistry）、約克大學（University of York）綠色化學小組、塞拉菲爾德核能實驗室（Sellafield）等機構進行研究。

運輸：約翰・邁爾斯（John Miles）

英國劍橋伊曼紐爾學院（Emmanuel College, Cambridge）院士、英國皇家工程院（Royal Academy of Engineering）工程學系教授、英國汽車工業協會（UK Automotive Council）創始成員暨智能移動小組主席，專長為未來運輸技術與經濟發展，特別著重能源效率與環境影響方面。

機器人學：諾爾・夏基（Noel Sharkey）

英國雪菲爾大學（University of Sheffield）人工智能和機器人技術的榮譽教授、責任機器人基金會（Foundation for Responsible Robotics）的聯合主席、非政府組織機器人武器控制國際委員會（International Committee for Robot Arms Control）主席，以及BBC當紅節目《機器人大擂台》（Robot Wars）主裁判。他一直在美國耶魯（Yale University）和史丹佛大學（Stanford University）與英國埃塞克斯（University of Essex）、艾克斯特 (University of Exeter) 和雪菲爾大學從事研究和教學工作，研究專長包括心理學、語言學、計算基科學、人工智能、機器人學習技術和機器人倫理。

星際旅行與太陽系移民：露易莎‧普瑞斯頓（Louisa Preston）

英國太空署（UK Space Agency）極光研究員，在倫敦大學伯貝克學院（Birkbeck, University Of London）研究天體生物學。她曾參與美國、加拿大、歐洲及英國太空署的研究計畫，研究地球上的生命體如何在極端嚴苛的環境中生存，作為外人生命形式的藍圖並模擬可能的棲息條件。她曾受邀至 2013 年 TED 大會和大家談論如何尋找火星生命。她的第一本書籍創作為 *Goldilocks and the Water Bears: The Search for Life in the Universe*。

末日啟示：路易斯‧達奈爾（Lewis Dartnell）

英國西敏寺大學（University of Westminster）天體生物學研究員，專門研究火星表面的微生物生命體及其存在的可能性，還有人們該如何發現它的存在。他經常受邀上科學節目講述相關主題，並出版了《最後一個知識人：末日之後，擁有重建文明社會的器物、技術與知識原理》（*The Knowledge: How to Rebuild our World from Scratch*）等書，後者為《週日泰晤士報》（*Sunday Times*）最佳年度書籍。

瞬間傳送與時間旅行：吉姆‧艾爾卡利里（Jim Al-Khalili）

學者、作家及節目主持人，曾獲頒大英帝國官佐勳章（OBE）。他是頂尖的理論物理學家，在英國索立大學任教並進行量子力學的研究。他主持過多個電視與廣播節目，包括獲得英國影藝學院獎（BAFTA）提名的《化學：一段揮發性的歷史》（*Chemistry: A Volatile History*）以及《渾沌的祕密生活》（*The Secret Life of Chaos*）。目前主持BBC Radio 4 每週一次的科學節目《科學化的生活》（*The Life Scientific*）。他獲頒 2007 年皇家學會的麥可法拉第獎（Michael Faraday Prize）及 2011 年英國物理學會的克耳文獎（Kelvin Medal and Prize），以表彰他在科學教育方面的貢獻。他更在 2016 年成為史蒂芬霍金科學傳播獎（Stephen Hawking Medal for Science Communication）首屆得獎者，並於 2018 年入選英國皇家學會院士。著有多本科普書籍，被譯為二十種語言，包括《解開生命之謎》、《悖論》等書。

國家圖書館出版品預行編目資料

人類大未來 / 吉姆・艾爾卡利里（Jim Al-Khalili）
著；謝孟宗、林瑞堂譯 . -- 初版 . -- 臺北市：三采
文化，2018.11
面： 公分 . -- （PopSci 08）
譯自：WHAT'S NEXT?
ISBN 978-957-658-065-9（平裝）

1. 未來社會 2. 科技社會學

541.49   107015990

◎封面圖片提供：
graphicINmotion / Shutterstock.com

suncolor
三采文化集團

PopSci 08

人類大未來

下一個五十年，科技如何讓人類更幸福？

作者｜吉姆・艾爾卡利里（Jim Al-Khalili）　　譯者｜謝孟宗、林瑞堂
主編｜吳愉萱　校對｜蔡依如、林泰宏　版權負責｜杜曉涵
美術主編｜藍秀婷　封面設計｜池婉珊　排版｜黃雅芬

發行人｜張輝明　總編輯｜曾雅青　發行所｜三采文化股份有限公司
地址｜台北市內湖區瑞光路 513 巷 33 號 8 樓
傳訊｜TEL:8797-1234　FAX:8797-1688　網址｜www.suncolor.com.tw
郵政劃撥｜帳號：14319060　戶名：三采文化股份有限公司
初版發行｜2018 年 11 月 1 日　定價｜NT$380
　　2 刷｜2018 年 11 月 10 日

WHAT'S NEXT? : Even Scientists Can't Predict the Future, or Can They?
Selection, introduction and Chapter 18 ('Teleportation and Time Travel')
Copyright © Jim Al-Khalili 2017
Other chapters copyright of the author in each case © Philip Ball, Margaret A. Boden, Naomi Climer, Lewis Dartnell, Jeff Hardy, Winfried K. Hensinger, Adam Kucharski, John Miles, Anna Ploszajski, Aarathi Prasad, Louisa Preston, Adam Rutherford, Noel Sharkey, Julia Slingo, Gaia Vince, Mark Walker, Alan Woodward 2017
Complex Chinese Translation Copyright © Sun Color Culture Co., Ltd. 2018
The translation published by arrangement with Profile Books Ltd. through Andrew Nurnberg Associates International Limited.
All rights reserved.